C. G. Moretti

Italiano Pratico
Junior

Copyright © 2020 by C.G. Moretti
All rights reserved. No part of this publication may be reproduced, distributed, or transmitted in any form or by any means, including photocopying, recording, or other electronic or mechanical methods, without the prior written permission of the author, except in the case of brief quotations embodied in critical reviews and certain other non-commercial uses permitted by copyright law. For permission requests, write to the author, addressed "Attention: Permissions Coordinator," at the email address below.

cg.morettibyrnes@gmail.com

CONTENTS

L'ALFABETO E LO SPELLING	4
I SALUTI E LE PRESENTAZIONI	7
LE DESCRIZIONI	9
LE NAZIONI E LE NAZIONALITÁ	19
IL TEMPO LIBERO	25
LA ROUTINE QUOTIDIANA	34
L'ORA	40
I VESTITI	49
LA FAMIGLIA	59
IL TEMPO ATMOSFERICO	67
LA CASA	81
IL CIBO	91
INCONTRI	102
I VERBI MODALI E I VERBI IRREGOLARI	107
I VERBI IRREGOLARI (PARTE 2)	117
LA SCUOLA	120
I LAVORI	134
LE DIREZIONI E LA CITTÁ	139
LA SALUTE E IL CORPO	150
PRENOTAZIONI	159
IMPERFETTO VS PASSATO PROSSIMO	176
FUTURO	187
IL MIO DIARIO	198
MY CBA1 PLANNING	219
MY CBA2 PLANNING	222

L'alfabeto e lo spelling

A	B	C	D	E
a	bi	ci	di	e
F	G	H	I	L
effe	gi	acca	i	elle
M	N	O	P	Q
emme	enne	o	pi	qu
R	S	T	U	V
Erre	Esse	Ti	U	Vi
Z	W	K	J	X
zeta	Doppia vu	cappa	I lunga	ics
'				
apostrofo				

Attivitá 1:

Il mio nome si scrive_____
Il mio cognome si scrive_____
La mia citta è_____ e si scrive_____

Write the names of these people:
1) ci a erre elle o _____
2) elle u i gi i _____
3) ci a erre a _____
4) emme a erre ti a_____
5) gi u esse e pi pi e _____
6) emme a erre cappa_____
7) i lunga a emme e esse_____
8) a o i effe e . _____

9) erre o esse esse e elle elle a_____
10) elle o erre e enne zeta o_____

Write the names of these European cities:

1) Bi e erre elle i enno o _____
2) A emme esse ti e erre di a emme_____
3) bi a erre ci e elle elle o enne a_____
4) erre o emme a_____
5) zeta u erre i gi o_____
6) elle u gi a enne o_____
7) di u bi elle i enne o_____
8) emme a di erre i di_____
9) pi a erre i gi i_____
10) elle o enne di erre a_____

Write the names of these Italian cities:

1) bi a erre i_____
2) pi a elle e erre emme o_____
3) emme i elle a enne o_____
4) a enne ci o enne a_____
5) bi o elle o gi enne a_____
6) pi a erre emme_____
7) enne a pi o elle i_____
8) effe i erre e enne zeta e_____
9) gi e enne o vi a_____
10) ti o erre i enne o_____

Attivitá 2:

Transcribe the following text:

mi (maiuscola) - i ci - acca - i - a - m - o emme (maiuscola) - a - erre- i- o (virgola) a - bi - i - ti - o a esse(maiuscola)-i-e-enne-a (punto e virgola) esse - o – enne- o - u – enne- esse- ti- u- di -e- enne- ti- e a- doppia elle- apostrofo- u-enne-i-vi-e-erre-esse-i-ti-a-accento.
Acca-o di-ci-o-doppia ti-o a-enne-enne-i.
Emme-I pi-a-ci-e emme-o-elle-ti-o i-elle ci-a-elle-ci-i-o.

I saluti e le presentazioni

Attivitá 1:

Match the columns

1) Buongiorno   a) hello
2) Ciao   b) Good evening
3) Salve   c) How are you?
4) Buonanotte   d) Good afternoon
5) Buonasera   e) What's your name?
6) Buon pomeriggio   f) Good morning
7) Come stai?   g) Good night
8) Come ti chiami?   h) Hi

1___ 2___ 3___ 4___ 5___ 6___ 7___ 8___

Organise the greetings in chronological order: N=neutral

Buongiorno	1
Ciao	N
Salve	N
Buonanotte	
Buonasera	
Buon pomeriggio	
Come stai?	N
Come ti chiami?	N

Complete the words:
1) B_ _n_ _or_ _ (good morning)
2) C_ _ o (hi)
3) C_m_ _t_i? (how are you?)
4) _a_ve (hello)
5) b_ _ _as_ _a (good evening)
5) buon p_ _e_i_g_o (good afternoon)

Listen to the sentences being read out by your teacher (or read them in the box below and try to memorise them) and fill in the blanks with what you hear:

1) Come ti _____?
2) Mi _____ Marco
3) Come _____?
4) Sto _____ grazie e ____?
5) _____ molto bene _____!
6) Come si _____ il tuo _____?

Match the English with the Italian:

1) Come ti chiami?   A) How are you?
2) Mi chiamo Marco   B) I am very well thank you
3) Come stai?   C) My name is Marco
4) sto bene grazie e tu?   D) How do you spell your name?
5) Sto molto bene grazie   E) What's your name?
6) Come si scrive il tuo nome? F) I am fine thank you and you?

Write next to each person what greeting you would use for each part of the day:

                        Mattina   pomeriggio Sera notte

Professore
Amico
Preside
Genitori
Commessa

Le descrizioni

Attivitá 1:

a) Read the text below:

Mi chiamo Anna, ho quattordici anni e abito a Perugia. Ho i capelli castani e lisci e gli occhi azzurri. Non sono molto alta. Sono simpatica e a volte un po' timida.

Mio padre è molto alto. Ha i capelli neri e gli occhi azzurri. É molto simpatico e generoso.

Mia madre é sempre felice. Ha i capelli castani e gli occhi verdi.

Mia sorella si chiama Valeria e ha diciotto anni. È alta, ha i capelli neri e ricci e gli occhi azzurri come me. Mia sorella è una ragazza molto allegra. Non è mai triste.

Find in the text the words/phrases that mean:
1) I live in_____
2) Hair_____
3) Eyes_____
4) brown_____
5) straight_____
6) blue_____
7) tall_____
8) black_____
9) generous_____
10) green_____
11) shy_____
12) curly_____
13) happy_____
14) sad_____

Focus:

Mi chiamo= my name is
Si chiama= his/her name is
Ho i capelli= my hair is...
Ha i capelli = his/her hair is
Sono= I am
É= he/she is

	Essere	Avere
Io	sono	Ho
tu	sei	hai
Lui/Lei	é	ha
Noi	siamo	abbiamo
Voi	siete	avete
Loro	sono	hanno

Find the opposites of:
1) Capelli lisci_____
2) alto_____
3) triste_____
4) allegra_____

Unscramble the sentences:

1) castani i azzurri gli occhi e ho capelli lisci e

_____

I have brown straight hair and blue eyes

2) alta sono non molto

_____
I am not very tall

3) sempre mia madre felice é
_____
My mother is always very happy

4) simpatico timido e volte a sono po' un
_____
I am nice but sometimes a bit shy

5) anni quattordici ho
_____
I am 14 years old

Find the mistakes in the sentences:
1) Sona simpatico è a volta una po' timido_____
2) 2)Non sono molta alta_____
3) Mia madre essere sempre felice. _____
4) Ha gli capelle castane è i occhi azzurro è liscie_____
5) ha i capelli neri e ricci e gli occhi azzurri_____

Circle the correct option:
1) io ha/ho/abbiamo i capelli nero/neri/nere
2) Martina é/ha gli occhi azzurro/azzurre/azzurri.
3) tu é/sono/sei alto
4) Angela hanno/ho/ha i capelli biondo/bionde/biondi.
5) Io sei/é/sono alto.
6) Luisa sono/é/siamo molto simpatica/simpatiche/simpatica.
7) Marco hanno/ho/ha i capelli rosso/rossa/rossi.
8) Lui é/ha alto
9) Lui é/ha simpatico

Attivitá 2:
Read the texts below:
a) Ciao, mi chiamo Marco, ho quindici anni. Sono di Milano
Ho i capelli rossi, lisci e corti.
Ho gli occhi azzurri.
Sono alto.
Sono tranquillo, timido e allegro.

b) Sono Marina, ho diciotto anni. Abito a Roma.
Ho i capelli lunghi, ondulati e biondi.
Ho gli occhi castani.

Non sono molto alta e sono magra.
Sono una persona simpatica e divertente.

c) Mi chiamo Niall, sono Irlandese. Ho sedici anni.
Abito a Cork.
Ho i capelli biondi, gli occhi verdi.
Ho i capelli corti e lisci. Sono molto alto e non sono molto magro. Sono sempre felice e generoso

Which person:
1) has straight hair?_____
2) has wavy hair?_____
3) has long hair?_____
4) has green eyes?_____
5) has red hair?_____
6) is funny?_____
7) is generous?_____
8) is quiet?_____
9) is happy?_____
10) is not very slim?_____

Complete the words:
1) _ i_ndi (blond)
2) c_p_l_i (hair)
3) s_mpa_i_o (nice)
4) div_rt_nt_ (funny)
5) a_to (tall)
6) _imp_t_ _o (nice)
7) tr_ nq_u_l_o (quiet)
8) ca_t_ _i (brown)
9) l_ng_i (long)
10) co_ti (short)

Complete the sentences:
1) A_____ a Dublino (I live in Dublin)
2) Luisa h_____ i capelli biondi
(Luisa has blond hair)
3) Io ho i c_____ corti.
(I have short hair)
4) Marco é un ragazzo m_____ o s_____
(Marco is a very nice boy)
5) Martina é molto d_____
(Martina is very funny)

Attivitá 3:
Match the English with the Italian

1) Lucia ha i capelli lunghi   a) she is really boring
2) Serena é simpatica   b) You are intelligent
3) noi siamo alti   c) we are young
4) Luigi é basso   d) they have brown eyes
5) Lei é davvero noiosa   e) Lucia has long hair
6) Tu sei intelligente   f) Luisa is beautiful
7) Noi siamo giovani   g) Marcello is funny
8) Loro hanno gli occhi castani   h) we are tall
9) Luisa é bella   i) Luigi is short
10) Marcello é divertente   l) Serena is nice

1___ 2___ 3___ 4___ 5___ 6___ 7___ 8___ 9___ 10___

Split sentences: form sentences by joining one element from the two columns
1) Noi   a) É bella
2) Marco   b) Siete noiosi
3) Gianna   c) Sono divertenti
4) Voi   d) Siamo alti
5) Martina e Luisa   e) Sei intelligente
6) tu   f) É simpatico

_____   _____
_____   _____
_____   _____

Complete the sentences:
1)Io _____ (am) alto 2)Martina _____(has) gli occhi azzurri
3)Marco e Gianni _____(are) simpatici
4)Lello e Marta _____(have) i capelli Biondi 5)Roberto _____ (is) basso 6)Noi _____(are) felici

Spot and correct the mistake:
1)Luisa ha i capelli castano_____
2)Mario é alta_____
3)Marcella é simpatico_____
4)I ragazzi sono intelligente_____
5)I professori sono brave_____
6)Lo studente é diligento_____
7)Il quadro é bella_____

Read the text below and do the following activities:
Il mio migliore amico si chiama Alessandro. Ha quattordici anni. È alto e ha i capelli biondi e gli occhi verdi. È un ragazzo molto intelligente, generoso ma anche timido.
Alessandro ha anche una sorella molto simpatica: si chiama Giulia. Giulia ha sedici anni ed è una ragazza molto gentile. Ha i capelli castani e gli occhi azzurri. Giulia é molto estroversa e divertente.

Find who:
1) is 14 years old_____
2) is 16 years old_____
3) has brown hair_____
4) has green eyes_____
5) has blond hair_____
6) has blue eyes_____
7) is funny_____
8) is shy_____

Match the two columns:

1) capelli a) simpatico_____
2) occhi b) generosa_____
3) persona c) alto_____
4) Maria d) castani_____
5) Luciano e) piccolo_____
6) ragazzo f) diligente_____
7) bambino g) ambizioso_____
8) studentessa h) azzurri_____

Unscramble the sentences:

1) intelligente / molto / ragazzo / É / Un
_____

He is a very intelligent boy

2) Luisa / alta / simpatica / e / é
_____

Luisa is tall and nice

3) una / persona / Sei / intelligente
_____

You are an intelligent person

4) i / castani / e / gli / azzurri / occhi / capelli / Ho
_____

I have blue eyes and brown hair

5) corti, / lisci / neri / e / I / Marcello / ha / capelli
_____

Marcello has short, straight, black hair

6) e / é / simpatica / Lucia / estroversa
_____

Lucia is nice and outgoing

7) alto / e / Io / bello / simpatico, / sono
_____

I am tall, handsome and nice

Find the opposites of:

1) Estroverso_____
2) diligente_____
3) Intelligente_____
4) generoso_____
5) alto_____
6) simpatico_____
7) chiacchierone_____
8) pigro_____
9) corti_____
10) divertente_____

Match the descriptions with the person:

a) Sono alto, sono un ragazzo simpatico e generoso
b) Sono bassa, sono timida e introversa
c) Siamo divertent, simpatici ed estroversi
d) Siamo belle,
Simpatiche ed intelligenti

Claudio e Simone   Luigi   Marina   Rossella e Lucia

Read the definitions and match them with the correct adjective:

1) parlo molto, mi piace stare con gli amici, sono simpatico e divertente.

_____

2) Non parlo molto, non mi piace stare con gli amici, preferisco leggere a casa.

_____

3) studio sempre e faccio sempre i compiti

_____

4) Sono molto bravo a scuola

_____

5) aiuto sempre i miei amici a scuola

_____

a) introverso b) generoso c) intelligente d) estroverso e) diligente

Attivitá 4:

Put the text in the correct order (you can use the English translation to help you)

My best friend's name is Alessandro. He is fourteen years old. He is tall and has blond hair and green eyes. He is a very intelligent boy. A. Alessandro also has a very nice sister: her name is Giulia.
Giulia is sixteen years old and she is a very kind girl. She has brown hair and blue eyes.

___ Alessandro ha anche una sorella molto simpatica: si chiama Giulia.

___ È alto e ha i capelli biondi e gli occhi verdi. È un ragazzo molto intelligente.

___ Il mio migliore amico si chiama Alessandro. Ha quattordici anni.

___ Ha i capelli castani e gli occhi azzurri.

___ Giulia ha sedici anni ed è una ragazza molto gentile.

Attivitá 5: Read the Italian text and the translation in English. Something is missing in the Italian text, fill in the blanks with the missing Italian word

Il mio migliore _____ si chiama Alessandro. Ha quattordici _____. È _____ e ha i capelli biondi e gli _____ verdi. È un ragazzo molto _____. Alessandro ha anche una sorella molto _____ : si chiama Giulia.
Giulia _____ sedici anni ed è una ragazza _____ gentile. Ha i capelli _____ e gli occhi _____ .

My best friend's name is Alessandro. He is fourteen years old and lives in my own neighborhood.

He is tall and has blond hair and green eyes. He is a very intelligent boy. Alessandro and I always play football together after school. Sometimes we do our homework together at my house.
Alessandro loves reading and listening to music.
Alessandro also has a very nice brother: his name is Giulio.
Giulio is sixteen and he is a very kind boy. He has brown hair and blue eyes.
Giulio doesn't like reading. He prefers playing sports.

Attivitá 6: *Read the comments below*

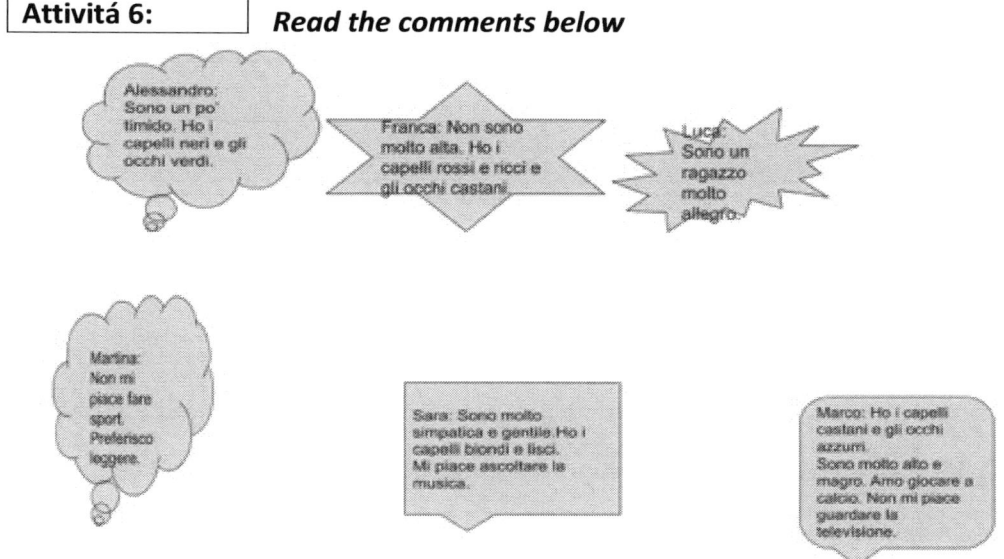

Find out who:
1) Has brown hair and blue eyes_____
2) Is not very tall_____
3) Likes listening to music_____
4) Is a bit shy_____
5) Is a very happy boy_____
6) Doesn't like playing sports_____
7) Is nice and kind_____
8) Has red curly hair_____
9) Has black hair and green eyes_____
10). Is tall and thin_____

Attivitá 7: *Odd one out*

gentile	simpatico	capelli	onesto
rossi	castani	biondi	alto
romantico	occhi.	carino	generoso
bravo	castani	verdi	occhi
diligente	basso	pigro	attento
attivo	stupido	buono	ricci

Scriviamo Insieme: Write a description of yourself and your bestfriend by using and expanding on the prompts

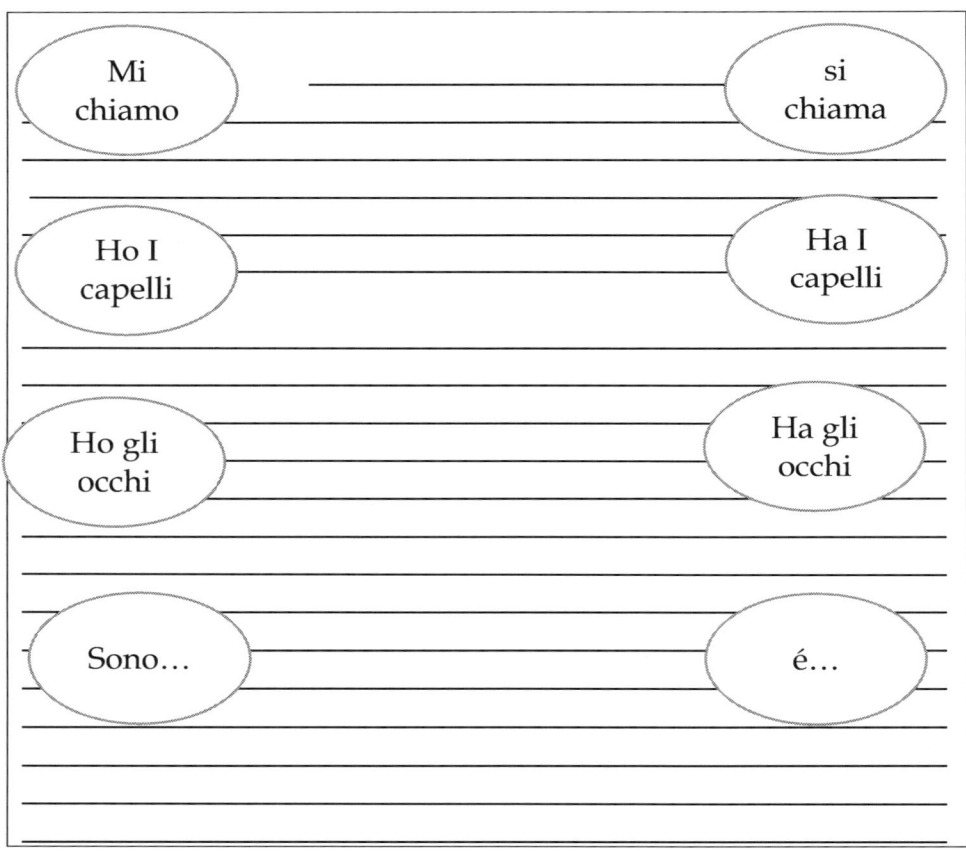

Nazioni e nazionalità

Attivitá 1: Read the texts below and then answer the questions:

Mi chiamo Mary Brown, sono americana e abito a Washington.

Mi chiamo Liao Yan, sono cinese e abito a Pechino.

Mi chiamo James O'Connell, sono irlandese e abito a Dublino.

Mi chiamo Renata dos Santos, sono brasiliana e abito a Brasília.

Mi chiamo Diego Ricci, sono italiano e abito a Roma.

Mi chiamo Fernanda Soares, sono portoghese e abito a Lisbona.

Mi chiamo Patryk Zielinski, sono polacco e abito a Varsavia.

Mi chiamo Catherine Smith, sono inglese e abito a Londra.

Mi chiamo Louis Moreau, sono francese e abito a Parigi.

Mi chiamo Tomoka Soseki, sono giapponese e abito a Tokyo.

Mi chiamo Miguel Garcia, sono spagnolo e abito a Madrid.

Mi chiamo Karl Weber, sono tedesco e abito a Berlino.

Focus:

American**o**= Mark
American**a**= Lisa
American**i**=Mark & John
American**e**= Lisa and Jane

Attention: Lisa e Mark sono american**i**

Who is Japanese?_____

Who is American?_____

Who is Spanish?_____

Who is Brazilian?_____

Who is Polish?_____

Who is Chinese?_____

Who lives in London?_____

Who lives in Dublin?_____

Who lives in Berlin?_____

Who lives in Rome?_____

Who lives in Paris?_____

Who lives in Lisbon?_____

Complete the sentences:

1) Mary Brown abita a Washington. Lei è a_____.

2) Diego Ricci abita a Roma. Lui è i_____.

3) Miguel Garcia abita a Madrid. Lui è s_____.

4) Liao Yan abita a Pechino. Lui è c_____.

5) Fernanda Soares abita a Lisbona. Lei è p_____.

6) Patryk Zielinski abita a Varsavia. Lui è p_____.

7) Karl Weber abita a Berlino. Lui è t_____.

Attivitá 2: Match the Italian with the English

1. Mi chiamo James O'Connell, sono irlandese e abito a Dublino.
2. Mi chiamo Karl Weber, sono tedesco e abito a Berlino.
3. Mi chiamo Louis Moreau, sono francese e abito a Parigi.
4. Mi chiamo Diego Ricci, sono italiano e abito a Roma
5. Mi chiamo Fernanda Soares, sono portoghese e abito a Lisbona.
6. Mi chiamo Miguel Garcia, sono spagnolo e abito a Madrid.
7. Mi chiamo Liao Yan, sono cinese e abito a Pechino.
8. Mi chiamo Patryk Zielinski, sono polacco e abito a Varsavia.
9. Mi chiamo Tomoka Soseki, sono giapponese e abito a Tokyo.
10. Mi chiamo Catherine Smith, sono inglese e abito a Londra.

a. My name is Miguel Garcia, I am Spanish and I live in Madrid.
b. My name is Tomoka Soseki, I am Japanese and I live in Tokyo.
c. My name is James O'Connell, I am Irish and I live in Dublin.
d. My name is Liao Yan, I am Chinese and I live in Beijing.
e. My name is Catherine Smith, I am English and I live in London.
f. My name is Fernanda Soares, I am Portuguese and I live in Portugal.
g. My name is Patryk Zielinski, I am Polish and I live in Poland.
h. My name is Diego Ricci, I am Italian and I live in Rome.
i. My name is Louis Moreau, I am French and I live in Paris.
j. My name is Karl Weber, I am German and I live in Berlin.
1)_____ ; 2)_____ ; 3)_____ ; 4)_____ ; 5)_____ ; 6)_____ ; 7)_____ ; 8) _____;
9)_____ ; 10) _____.

Attività 3: Read the texts and then answer the questions:

Mi chiamo Emma, sono tedesca ma abito in Irlanda. Secondo me gli irlandesi sono molto generosi.

Mi chiamo Lucas, sono brasiliano ma abito in Spagna. Secondo me gli spagnoli sono molto divertenti.

Mi chiamo Anna, sono italiana ma abito in Giappone. Secondo me i giapponesi sono molto educati.

Mi chiamo Aleksandra, sono polacca ma abito in Francia. Secondo me i francesi sono molto tranquilli.

Mi chiamo Paul, sono americano ma abito in Italia. Secondo me gli italiani sono molto amichevoli.

Mi chiamo Camila, sono spagnola ma abito in Germania. Secondo me i tedeschi sono molto organizzati.

Who lives in Italy?_____

Who lives in France? _____

Who is German?_____

Who is Spanish?_____

Who lives in Japan?_____

Who is Brazilian?_____

Who thinks French people are calm? _____

Who thinks Japanese people are polite?_____

Who thinks Irish people are generous?_____

Who thinks Spanish people are fun? _____

Who thinks Italian people are friendly? _____

Who thinks German people are organised?_____

Vero o Falso? Read the previous short presentations and decide.

Paul è Tedesco_____

Aleksandra abita in Francia_____

Anna è giapponese_____

Camila abita in Germania_____

Lucas è spagnolo_____

Emma abita in Irlanda_____

Attivitá 4: Match the nation with the nationality:

1 America			A brasiliano
2 Portogallo			B polacca
3 Brasile			C cinese
4 Polonia			D portoghese
5 Cina			E inglese
6 Inghilterra			F americano

Spot the mistakes in the following sentences:

1) Sono tetesca e abito in Germaina._____

2) Sono giaponnese e abito in Giapponne._____

3) Sono iralndese e abito in Irelanda._____

4) Sono englese e abito in Inghiltera._____

5) Sono francesa e abito in Francha._____

6) Sono pollaco e abito in Polonea._____

7) Sono braziliana e abito in Bresile._____

Complete the sentences:

1) Abito a Dublino, in _____

2) Abito a Lisbona, in _____

3) Abito a Londra, in _____

4) Abito a Parigi, in _____

5) Abito a Pechino, in _____

6) Abito a Varsavia, in _____

7) Abito a Roma, in _____

Unscramble the sentences:

1) mi brasiliano abito Lucas chiamo sono ma in Spagna

_____

My name is Lucas, I am Brazilian but I live in Spain

2) secondo gli italiani me molto amichevoli sono

_____

In my opinion, Italian people are very friendly.

3) Italia Paul mi abito americano sono chiamo ma in

_____

My name is Paul, I am American but I live in Italy

4) generosi sono gli secondo me irlandesi molto

_____

In my opinion, Irish people are very generous.

5) chiamo mi Camila abito ma Germania in spagnola sono

_____

My name is Camila, I am Spanish but I live in Germany.

Attivitá 5: Guess the nationality

Abito in...	Sono...	Abito in....	Sono...
America		Polonia	
Spagna		Germania	
Cina		Portogallo	
Italia		Giappone	

Scriviamo Insieme: Write a description by using and expanding on the prompts

24

Il tempo libero

Attività 1: *Read Marco's weekly activities*

Il lunedí: Gioco a calcio   *il venerdí:* Passeggio con la mia famiglia
Il martedí: Nuoto   *il sabato:* Guardo un film al cinema
Il mercoledí: Leggo un libro   *la Domenica:* Corro con i miei amici.
Il giovedí: disegno

When does he...
1) Swim?_____
2) play soccer?_____
3) watch a movie in the cinema?_____
4) run with his friends?_____
5) draw?_____
6) read a book?_____
7) walk?_____

Focus: Present Tense			
	ARE	ERE	IRE
Io	o	o	o
Tu	i	i	i
Lui/Lei	a	e	e
Noi	iamo	iamo	iamo
Voi	ate	ete	ite
Loro	ano	ono	ono

Example: LAVOR**ARE**
LAVOR
Io LAVOR O

Match the English with the Italian

1) Leggo   a) I run _____
2) corro   b) I draw_____
3) Gioco a   c) I swim_____
4) disegno   d) I watch_____
5) guardo   e) I read_____
6) passeggio   f) I walk_____
7) nuoto   g) I play..._____

Spot the mistake and correct it (the verbs should all be in 1st person)
1) Gioco calcio_____
2) nuotare in piscina_____
3) Leggere un libro_____
4) Disegnare a casa_____
5) Passeggiare con la famiglia_____
6) Guardare un film al cinema_____
7) Correre con I miei amici._____

Unscramble the sentences:

1) a / calcio. / Gioco
_____
I play soccer

2) in / nuoto / piscina
_____
I swim in the swimming pool

3) un / Leggo / libro /
_____
I read a book

4) / casa / Disegno / a
_____
I draw at home

5) con / famiglia / la / Passeggio
_____
I walk with my family

6) cinema / Guardo / film / un / al
_____
I watch a movie in the cinema

7) con / amici. / Corro / l / miei
_____
I run with my friends

Match the English with the Italian

1) Il lunedí gioco ai videogiochi   A) On Friday I meet my friends in the evening
2) Tutti i giorni vado a scuola   B) On Thursday I practice soccer
3) Il mercoledí studio fino a tardi   C) On Monday I play videogames
4) Il venerdí incontro i miei amici la sera   D) On Sunday I eat with my family
5) Il martedí pratico sport   E) On Saturday I run with my friends
6) Il giovedí pratico il calcio   F) On Monday I always read a book
7) La domenica mangio con la famiglia   G) On Sunday evening I listen to the music
8) La domenica sera ascolto la musica.   H) I go to school everyday
9) Il sabato corro con gli amici   i) On Tuesday I practice sport
10) Il Lunedí leggo sempre un libro   L) On Wednesday I study until late

1___ 2___ 3___ 4___ 5___ 6___ 7___ 8___ 9___ 10___

Attivitá 2:

Listen to the dialogue (or read it below and try to memorise as much as you can) and write the missing word in the blanks:

Ciao, mi _____ Marco, ho _____ anni e _____ in una scuola di Milano. **Nel mio tempo libero (a)** _____ molti libri, _____ leggere. _____ anche la musica, mi piace la _____ pop, _____ la musica per due ore _____. _____ anche sport, _____ con gli amici della scuola. _____ il calcio. **Sono molto bravo a (b)** disegnare, _____ per qualche ora _____ volta.
Non _____ uno strumento. _____ molto sportivo, _____ nel fine settimana e _____ con una squadra il lunedí ed il giovedí. **Ovviamente (c)**, _____ la sera.

Now read the full text and correct any mistake:

Ciao, mi chiamo Marco, ho quattordici anni e studio in una scuola di Milano. Nel mio tempo libero leggo molti libri, adoro leggere. Ascolto anche la musica, mi piace la musica pop, ascolto la musica per due ore sempre. Pratico anche sport, spesso con gli amici della scuola. Pratico il calcio. Sono molto bravo a disegnare, disegno per qualche ora qualche volta.
Non suono uno strumento. Sono molto sportivo, corro nel fine settimana e nuoto con una squadra il lunedí ed il giovedí. Ovviamente, studio la sera.

Write the meaning of the highlighted words/expressions below:

a)_____, b)_____, c)_____

Match the two columns and form sentences:

Leggo	Leggere
pratico	Per qualche ora
Ascolto	Uno strumento
suono	Nel fine settimana
disegno	Molti libri
corro	La musica
Adoro	sport

1)   4)
2)   5)
3)   6)

Organise the vocabulary in the previous text according to the categories below:

Verbi al presente   **Verbi all'infinito**

Sostantivi singolari   **Sostantivi plurali**

Read the following texts:

A)Ciao mi chiamo Marta, sono una ragazza Italiana, sono di Bari. Nel tempo libero, sono sportiva, pratico sport con gli amici e nuoto. Ascolto la musica, la mia musica preferita é la musica pop, navigo in internet e mando messaggi ai miei amici su whatsapp. Guardo anche la televisione e il mio programma preferito é I Simpsons.

B)Ciao mi chiamo Luca, sono un ragazzo Italiano, sono di Modena. Nel tempo libero, non sono sportivo, non pratico sport con gli amici ma gioco al computer. Ascolto la musica, la mia musica preferita é la musica rock, navigo in internet qualche volta ma non mando messaggi ai miei amici su whatsapp. Guardo anche la televisione e il mio programma preferito é Friends.

Find who:
1)does sport_____
2)likes pop music_____
2)likes 'Friends'_____
3)likes rock music_____
4)does not use whatsapp_____

Associations: Match the two parts of one expression

Ascoltare   preferita
praticare   La musica
La musica   La televisione
Guardare   sport

_____
_____
_____
_____
_____
_____
_____
_____
_____

Attivitá 3:

Match the English with the Italian

1) I practice sport   A) Loro mangiano la pizza
2) They eat a pizza   B) Noi corriamo nel parco
3) They watch the tele   C) Loro guardano la televisione
4) Ye listen to the music   D) Io pratico sport
5) We run in the park   E) Io navigo in internet
6) You read a book   F) Voi ascoltate la musica
7) I surf the internet   G) Tu leggi un libro
8) She talks to her friends   H) Lei parla con gli amici

          1__ 2__ 3__ 4__ 5__ 6__ 7__ 8__

Fill in the blanks in the sentences (you have some clues in English

1. Io_____ la pizza
        Eat

2. Loro_____ sport il _____
        Practice   Monday

3. Tu _____ un libro _____
        Read   on saturday

4. Voi_____ a calcio la_____

          Play   Sunday

5.   Lei_____ la musica il _____
              Listens   Friday

6.   Noi_____ in internet la _____
             Surf   Sunday

7.   Lui _____ la televisione il _____
              Watches   tuesday

8.   Io _____ gli amici il _____
             Meet   wednesday

9.   Lui_____ nel parco_____
             Runs   always

Attivitá 4: *Read the Italian text and the translation in English. Something is missing in the Italian text, fill in the blanks with the missing Italian word*

Questa é la mia routine settimanale.

__ _____, generalmente, _____ i miei amici, _____ un gelato insieme.

___ _____ pratico sport, _____ a calcio.

__ _____ studio a casa fino a tardi.

Il giovedí _____ un libro la sera.

____ _____ ascolto la _____ e il sabato _____ un film al cinema con la mia famiglia. La _____ _____ la televisione a casa.

This is my weekly routine. On Monday, generally, I meet my friends, we all get an icecream. On Tuesday I practice sport, I play soccer. On Wednesday I study at home until late. On Thursday I read a book in the evening. On Friday I listen to the music and on Saturday I watch a movie in the cinema with my family. On Sunday I watch the tele at home.

Organise all the verbs in the text according to their verb group (ARE, ERE, IRE) like in the example:

ARE	ERE	IRE
Incontro – Incontrare		

Attivitá 5:   **Match the English with the Italian**

1) I like icecream   A) Mi piacciono le pizze
2) I like icecreams   B) Mi piace la musica
3) I like Pizzas   C) Mi piace correre
4) I like running   D) Mi piacciono le olive
5) I like drawing   E) Mi piace guardare la televisione
6) I like speaking Italian   F) Mi piace il gelato
7) I like music   G) Mi piacciono le canzoni italiane
8) I like Italian songs   H) Mi piace disegnare
9) I like olives   I) Mi piacciono i gelati
10) I like watching the tele   L) Mi piace parlare Italiano

1__ 2__ 3__ 4__ 5__ 6__ 7__ 8__ 9__ 10__

Focus: I like
Mi piace + singular noun/verb in infinitive

Mi piacciono + plural noun only

Arrange all the words below into the two categories below:

Le pizze, il gelato, la musica, le canzoni, il cioccolato, le olive, l'Italiano, viaggiare, cantare, suonare, correre, parlare con gli amici, la matematica, l'inglese, il calcio, i libri, le caramelle, il pane, gli animali, le lasagne, gli gnocchi, le foto, la natura, il rugby, I videogiochi.

MI PIACE   **MI PIACCIONO**

Attivitá 6: *Put the Italian text in the correct order (enter the numbers in the spaces provided). You can following the English translation to help you out.*

In my free time I practice sport, I like soccer.
On Monday I read a book, I like reading.
On Tuesday I go out with my friends.
On Wednesday I always watch the television with my family, I like watching movies.
On Thursday I practice sport, I like swimming.
On Friday I eat at Mcdonalds.
On Saturday I study, I do not like studying.
On Sunday I relax

____ il lunedí leggo un libro, mi piace leggere.

____ il giovedí pratico sport, mi piace nuotare.

____ Il venerdí mangio da McDonalds.

____ Nel mio tempo libero pratico sport, mi piace il calcio

____ Il sabato studio, non mi piace studiare.

_____ Il martedí esco con i miei amici.

_____ La domenica mi rilasso

_____ il mercoledí sempre guardo la televisione con la mia famiglia, mi piace guardare la televisione.

Read the text below and circle the mistakes in the English translation

Ciao, mi chiamo Giovanni, nel mio tempo libero pratico sport, corro, nuoto, gioco a tennis e ascolto la musica. La mia musica preferita é la musica pop, il mio cantante preferito é Tiziano Ferro. Guardo anche la televisione, non ho un programma preferito ma adoro i programmi scientifici, soprattutto i documentari. Ascolto la radio e studio.

Hi, my name is Giovanni, in my free time I do not practice sport, I read, I run, I play soccer and listen to the music. My favourite music is rock, I listen to Tiziano Ferro. I like watching television, my favourite programme is a science programme, especially a documentary. I do not listen to the radio and I study.

Now write the correct translation in English according to the Italian text

_____
_____
_____
_____
_____
_____
_____
_____

Choose the correct option

Io **guarda/guardi/guardo** la televisione
Tu **ascolto/ascolti/ascolta** la musica
Lui-Lei **pratichiamo/praticate/pratica** sport
Noi **suoniamo/suonate/suonano** uno strumento
Voi **corriamo/correte/corre** nel parco
Loro **vediamo/vedo/vedono** gli amici

La Routine Quotidiana
Read the texts below:

Attivitá 1:

a) Mi chiamo Sara, sono una studentessa. La mattina mi sveglio alle sette, mi alzo alle sette e dieci, mi faccio la doccia, mi lavo i denti, mi pettino e faccio colazione. Dopo mi vesto, mi metto l'uniforme e vado a scuola. I miei genitori si alzano alle sei perché vanno a lavorare presto.
Mia sorella si alza alle sette e mezza, si fa la doccia dopo di me, si veste e si pettina e, dopo la colazione, si lava i denti. Andiamo a scuola sempre insieme

b) Mi chiamo Marco, sono un professore. La mattina mi sveglio alle sei, mi alzo alle sei e dieci, mi lavo, mi faccio la barba, non faccio colazione a casa, faccio colazione a scuola. Mi lavo i denti, mi metto la camicia e i pantaloni. Mi metto il cappotto e vado a scuola.

Trova le parole che significano:
1) Student_____
2) I wake up_____
3) I take a shower_____
4) I comb my har_____
5) They get up_____
6) I put my uniform on_____
7) She gets dressed_____
8) She combs her hair_____
9) She brushes her teeth_____
10) We go to school_____

Compare A and B:
1) Who wakes up at six?_____
2) Who takes a shower?_____
3) Who does not have breakfast in the house?_____
4) Who wears the uniform?_____
5) Who combs their hair?

Focus: Reflexive Verbs

	Alzarsi	Metters	Sentirsi
io	Mi alzo	Mi metto	Mi sento
tu	Ti alzi	Ti metti	Ti senti
Lui/lei	Si alza	Si mette	Si sente
noi	Ci alziamo	Ci mettiamo	Ci sentiamo
voi	Vi alzate	Vi mettete	Vi sentite
Loro	Si alzano	Si mettono	Si sentono

Attivitá 2: *Complete the missing verbs:*

1) ____ sveglio alle sette (I wake up at 7)
2) Mi _____ i denti (I brush my teeth)
3) Si _____ la doccia (he takes a shower)
4) ___ vesto (I get dressed)
5) _____ colazione (I have breakfast)
6) Si_____ (they get up)
7) _____ pettino (I comb my hair)
8) Si_____ pettina (she combs her hair)
9) ____ veste (she gets dressed)
10) _____ metto l'uniforme (I put my uniform on)

Put the sentences in the correct order:

1) Sette sveglio alle mi_____
2) Metto uniforme mi_____
3) Cappotto metto il mi_____
4) I lavo denti mi_____
5) La mi doccia faccio_____
6) La metto camicia mi_____
7) I metto pantaloni mi_____
8) Cappotto il metto mi_____
9) Barba la faccio mi_____
10 Scuola vado a_____

Translate the followings:
1) I get up_____
2) She gets up_____
3) He wakes up_____
4) I wake up_____
5) We put the uniform on_____
6) I get dressed_____
7) You comb your hair_____
8) I have a shower_____
9) She washes herself_____
10) He puts the coat on_____

Spot the mistakes in the sentences and correct them:
1) Mi alza_____
2) Si alzi_____
3) Mi lavi_____
4) Si faccio la doccia_____
5) Mi veste_____
6) Si vesto_____
7) Mi pettini_____
8) Ti pettino_____
9) Si metto il cappotto_____
10) Mi sveglia_____

Attivitá 3: *Match the English with the Italian*

1. Vado a scuola tutte le mattine.
2. Mi Faccio la doccia alle 7:30.
3. Ci alziamo alle 7
4. Ci mettiamo il cappotto in inverno.
5. Giorgia si sveglia alle sette e dieci.
6. Generalmente, loro si svegliano alle sette.
7. Vado a scuola alle otto.
8. Marco si prepara lo zaino
9. Mi metto l'uniforme.
10. Mi trucco ogni mattina

a. We wear our coats in winter.
b. We get up at 7
c. Marco gets his schoolbag ready
d. I go to school every morning.
e. I put the uniform on
f. I put make up on every morning
g. I have a shower at 7:30
H. Giorgia wakes up at ten past seven.
i. I go to school at eight.
j. Generally, they wake up at seven.

1)_____ ; 2)_____ ; 3)_____ ; 4)_____; 5)_____; 6)_____; 7)_____; 8) _____; 9)_____; 10) _____.

Read the text:

a) Siamo Luisa e Martina, siamo due sorelle gemelle. Ci svegliamo sempre alle sette per andare a scuola. Ci alziamo alle 7:10 e ci laviamo, prima io mi faccio la doccia, dopo Martina si fa la doccia. Ci pettiniamo i capelli e ci mettiamo l'uniforme. Ogni tanto ci trucchiamo. Facciamo colazione alle 8 con la famiglia. Ci prepariamo lo zaino ed andiamo a scuola

After reading the text, put the actions in chronological order:

a) We wash ourselves, first Luisa has a shower then Martina
b) They wake up at 7.
c) They put make up on
d) They put the uniform on
e) They get up at 7:10
f) They prepare their schoolbags
g) They have breakfast with the family
h) They comb their hair.

Read the text again, try to memorise as much as you can and find the mistakes (do not check in the previous text, you should remember it):

Sono Luisa e Martina, sono due sorelle gemelle. Si svegliamo sempre alle sette per andare a scuola. Ti alziamo alle 7:10 e ci lavo, prima io si faccio la doccia, dopo Martina mi fa la doccia. Ci pettino i capelli e ci metto l'uniforme. Ogni tanto mi trucchiamo. Facciamo colazione alle 8 con la famiglia. Ci preparo lo zaino ed andiamo a scuola

Unscramble the sentences

1) Svegliamo sette alle sempre ci
   _____

2) Alle 7.10 alziamo ci
   _____

3) Doccia la prima faccio io
   _____

4) Pettiniamo l'uniforme ci e ci mettiamo
   _____

5) Zaino lo prepariamo ci
   _____

Attivitá 4:

Read the Italian text and the translation in English. Something is missing in the Italian text, fill in the blanks with the missing Italian word

Sabrina ha ventidue anni e fa la segretaria. Ogni mattina _____ _____ alle sette, si _____, _____ _____ e fa colazione. Alle otto esce di casa e va al _____ . All'una _____ un panino. Dopo il lavoro, Sabrina qualche volta _____ al parco perché ama la natura. Alle sette prepara la _____. Va a _____ alle undici e _____ . Prima di dormire, Sabrina ama _____ un film o _____ un libro.

Sabrina is twenty-two years old and she is a secretary. Every morning she wakes up at seven, she washes herself, she gets dressed and she has breakfast. At eight she leaves the house and goes to work. At one she eats a roll. After work, Sabrina sometimes goes to the park because she loves nature. At seven she prepares dinner. She goes to sleep at half past eleven. Before sleeping, Sabrina likes watching a movie or reading a book.

Put the Italian text in the correct order (enter the numbers in the spaces provided). You can follow the English translation to help you out.

My name is Marco, I am fifteen years old and I live in Rome.
Every morning I get up at 7:15. I wash myself, I get dressed and I have breakfast with my sister. I usually have milk and cereal for breakfast. I leave the house at 7:45, and I get to school at eight. I finish school at two and I start doing my homework after lunch. At half past eight I have dinner with my family, and we watch television together. Sometimes I play videogames or I read a book before going to sleep.

____ Alle otto e mezza ceno con la mia famiglia e guardiamo la televisione insieme.

____ Esco di casa alle otto meno un quarto, e arrivo a scuola alle otto.

____ Mi chiamo Marco, ho quindici anni e abito a Roma.

____ Di solito faccio colazione con latte e cereali.

____ Finisco la scuola alle due e inizio a fare i compiti dopo pranzo.

____ Qualche volta gioco ai videogiochi o leggo un libro prima di andare a dormire.

____ Ogni mattina mi alzo alle sette e un quarto. Mi lavo, mi vesto e faccio colazione con mia sorella.

Fill in the blanks in the sentences (you have some clues in English)

1) Ogni mattina _____ _____ , mi vesto ed esco di casa molto presto.
                         I wash myself

2) Lucia _____ _____ sempre tardi perché è pigra.
          Gets up

3) Mangiamo _____ un panino alle due.
            Always

4) _____ a dormire molto presto?
   You go

5) Vado a scuola _____ _____.
                 Every morning

6) Mi faccio la _____ tutte le sere.
             Shower

7) Dopo pranzo faccio sempre i _____.
                       Homework

8) I miei genitori _____ alle otto.
              They wake up

9) Spesso Andrea _____ un libro prima di dormire.
               Reads

L'ora
Read the texts and answer the questions

Attivitá 1:

Testo 1
Buongiorno Signora, che ore sono?
Sono le quattro e dieci.
Grazie mille!

Testo 2
Ciao Marco,
Che ore sono?
Sono le sette meno dieci
Grazie

Testo 3
Ciao Anna,
Che ore sono?
Sono le otto e venti
Grazie

Testo 4
Ciao Martina,
Che ore sono?
Sono le quattro meno un quarto
Grazie

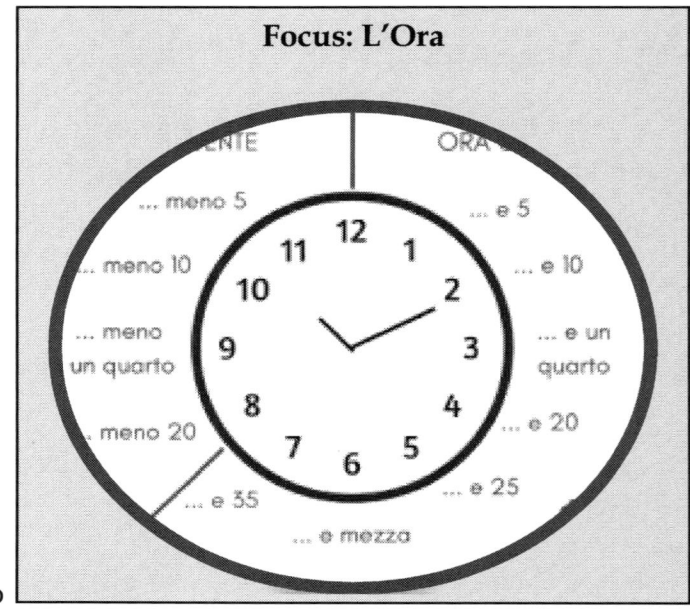

Testo 5
Ciao Mario,
Che ore sono?
Sono le quattro meno un quarto!

Focus: L'Ora

- ... meno 5
- ... meno 10
- ... meno un quarto
- ... meno 20
- ... e 35
- ... e mezza
- ... e 5
- ... e 10
- ... e un quarto
- ... e 20
- ... e 25

1) In what text the time is 8:20? _____
2) In what text the time is 3:45? _____
3) In what text the time is 6:50? _____
4) In what text the time is 4:10? _____

***Che ore sono?* Write in letters or in figures**

4:45   10:10   2:40   3:00   12:00

Sono le otto e venti   É l'una e mezza   Sono le cinque meno venti

Sono le due e venticinque   Sono le nove meno cinque

1:05   6:30   00:00   9:15   10:45

É l'una e venti   Sono le quattro e ventidue

Sono le undici e trenta   Sono le dieci e quindici

Sono le sette e mezza

Unscramble the sentences:

1) sono ore che ?_____
2) quattro sono le_____
3) mezza una l' é e_____
4) quarto due sono un le e_____
5) quattro cinque sono le meno_____
6) mezzanotte é_____
7) sette quarto meno sono le un_____
8) meno otto cinque le sono_____

Attivitá 2: *Read the texts and answer the questions*

7:30
Mi sveglio alle sette e mezza, faccio la doccia, mi vesto e faccio colazione con la mia famiglia. Dopo vado a scuola.

04:00
Torno a casa alle quattro, mi rilasso un po' e poi comincio i compiti. Dopo faccio una pausa e mangio una mela o una banana.

06:30
Finisco i compiti alle sei e trenta. Parlo con i miei amici al telefono, gioco ai videogiochi.

10:00
Vado a letto alle dieci e mi addormento intorno alle dieci e mezza.

1) At what time does he wake up?_____
2) At what time does he finish his homework?_____
3) At what time does he go to bed?_____
4) At what time does he relax?_____
5) At what time does he return home?_____

Match the Italian with the figures

1) Alle cinque e mezza	At 6:10
2) Alle sei e dieci	At 10:30
3) Alle nove e un quarto	At 7:40
4) Alle dieci e mezza	At 11:45
5) Alle dodici e trenta	At 5:30
6) Alle otto meno venti	At 10:50
7) Alle otto e trenta	At 2:20
8) Alle dodici meno un quarto	At 8:30
9) Alle due e venti	At 12:30
10) Alle undici meno dieci	At 9:15

Put the statements below in chronological order:

___ alle nove e mezza vado a dormire

___ alle sette mi sveglio

___ alle quattro ritorno a casa

___ alle sette e dieci mi alzo

___ alle sette e mezza ceno

___ alle otto e mezza vado a scuola

___ alle otto meno un quarto mi lavo e mi vesto

___ alle otto faccio colazione

___ alle cinque faccio i compiti

___ alle nove guardo la televisione

Attivitá 3:

Read the texts below and answer the questions

Mi chiamo Martina, mi sveglio alle sei e mezza la mattina, alle sette faccio la doccia e alle sette e mezza mi vesto e faccio colazione. Alle otto vado a scuola con l'autobus, le lezioni cominciano alle nove. Alle quattro torno a casa e alle sei finisco i compiti.

Mi chiamo Luca, mi sveglio alle sette e un quarto la mattina, alle sette e mezza faccio la doccia e alle otto meno un quarto mi vesto e faccio colazione. Alle otto e un quarto vado a scuola con l'autobus, le lezioni cominciano alle nove meno cinque. Alle quattro e mezza torno a casa e alle sette finisco i compiti.

1) Who wakes up at 7:15?____
2) Who takes a shower at seven?_____
3) Who has breakfast at 7:45?_____
4) Who goes to school at 8:15?_____
5) Whose classes start at 8:55?_____
6) Who returns home at 4?_____
7) Who finishes homework at 7?_____

Unscramble the sentences:

1) mezza sei sveglio mi alle e mattina la
_____
I wake up at 6:30 in the morning

2) mezza e sette vesto e mi faccio colazione
_____
At 7:30 I get dressed and have my breakfast

3) scuola con a vado otto alle autobus l'
_____
At 8 I go to school by bus

4) casa torno alle a quattro
_____
At 4 I return home

5) compiti finisco i sei alle
_____
At 6 I finish homework

Find the mistakes in the sentences below and correct:

1) mi sveglio sono le sette e un quarto_____
I wake up at 7:15

2) le sette e mezza faccio la doccia_____
At 7:30 I have a shower

3) Alle otto e un quattro vado a scuola_____
At 8:15 I go to school

4) le lezioni cominciano alle nove e cinque_____
Classes start at 8:55

5) Sono alle quattro e mezza torno a casa_____
At 4:30 I return home

Complete the sentences:

1) _____ sette e _____ mi _____
At 7:30 I get up

2) Alle _____ meno un _____ faccio _____
At 7:45 I have breakfast

3) _____ otto ____ vesto
At 8 I get dressed

4) Alle _____ e un _____ vado a _____
At 8:15 I go to school

5) _____ quattro e _____ ritorno a _____
At 4:20 I return home

Attivitá 4: *Match the daily activities with their most realistic time:*

1) Alle sette e dieci   a) Mi sveglio
2) Alle quattro meno un quarto b) Mi alzo
3) Alle otto e mezza   c) Mi faccio la doccia
4) Alle sei   d) Vado a scuola
5) Alle undici   e) Ritorno a casa
6) Alle sette e venti   f) ceno
7) Alle dieci e mezza   g) Guardo la televisione
8) Alle sette   h) Vado a letto
9) Alle otto e venti   i) Mi addormento

1__ 2__ 3__ 4__ 5__ 6__ 7__ 8__ 9__

Organise the following activities according to what part of the day they generally take place

1) Mi sveglio alle sette e mezza
2) vado a letto alle dieci
3) ceno alle sette
4) Faccio colazione alle otto
5) Vado a scuola alle otto e mezza
6) Faccio i compiti alle cinque e mezza
7) Faccio merenda alle quattro e mezza
8) Telefono ai miei amici alle cinque meno un quarto
9) Guardo la televisione alle nove e venti
10) mi addormento alle undici

La mattina **Il pomeriggio** **La sera** **La notte**

Attivitá 5: *Read the following texts and answer the questions*

Martina
Vado a scuola dalle nove meno cinque alle quattro. La pausa é dalle undici meno cinque alle undici e cinque. Il pranzo é dall'una e cinque alle due.

Riccardo
Vado a scuola dalle nove meno un quarto alle quattro meno un quarto. La pausa é dalle undici meno un quarto alle undici. Il pranzo é dalle dodici meno un quarto alle due meno un quarto.

Serena
Vado a scuola dalle otto e mezza alle tre e mezza. La pausa é dalle undici meno venti alle undici meno cinque. Il pranzo é dall'una e cinque alle due meno venti. Ritorno a casa alle quattro.

1) Who has school from 8:45 to 3:45? _____

2) Who has the break from 10:40 to 10:55? _____

3) Who has lunch from 1:00 to 2:00? _____

4)Who returns home at 4:00?_____

Unscramble the sentences:

1)quattro nove meno meno quarto quarto alle dalle vado scuola a un un
_____
I go to school from 8:45 to 3:45.

2)é unidici dalle alle quarto meno un pausa la undici alle
_____
The break is from 10:45 to 11.

3)Cinque e una all' dall' pranzo é il meno una venti una
_____
Lunch is from 1:05 to 1:40

Find the mistakes:

1)Il pranzo é alle dodici meno un quarto alle due meno un quarto.

_____
Lunch is from 11:45 to 1:45

2)La pausa é dalle undici meno venti dalle undici meno cinque
_____
Break is from 10:40 to 10:55

3)Vado a scuola le nove meno cinque le quattro
_____
I go to school from 8:55 to

Complete the sentences:

1)Il pranzo é _____ dodici _____ una.
Lunch is from 12 to 1

2)Vado a scuola _____ nove meno ___ _____ quattro.
I go to school from 8:55 to 4:00.

3) La pausa é ____ undici _____ undici __ _____.
The break is from 11 to 11:10.

4) Ritono a casa ____ Quattro.
I return home at 4:00

Scriviamo Insieme: Write a description by using and expanding on the prompts

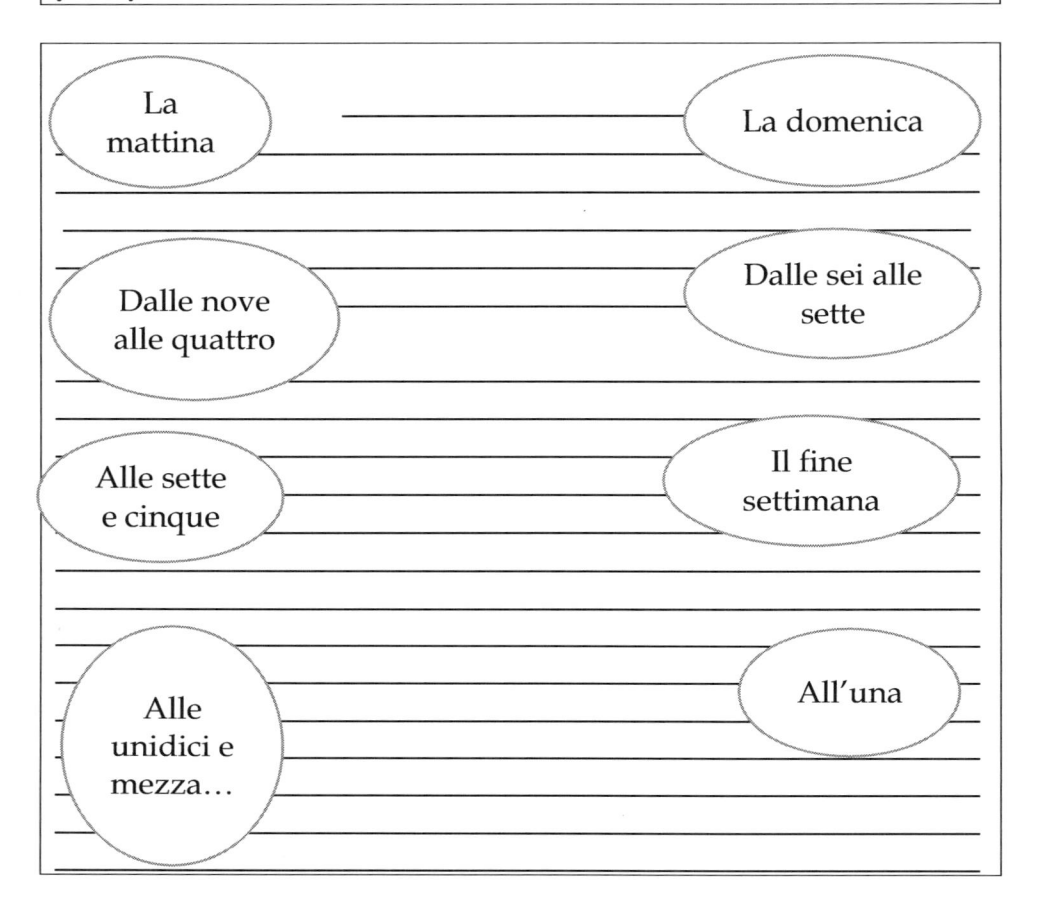

- La mattina
- La domenica
- Dalle nove alle quattro
- Dalle sei alle sette
- Alle sette e cinque
- Il fine settimana
- Alle unidici e mezza…
- All'una

I vestiti

Attivitá 1:

Read the text below:

A) Daniela adora molto vestirsi bene e seguire la moda. Ama andare a fare shopping con la sua migliore amica.
Quando fa molto caldo, Daniela indossa una maglietta verde, una giacca di jeans e dei sandali marroni. Porta anche gli occhiali da sole.
In inverno, Daniela indossa sempre il cappotto , il cappello di lana e la sciarpa .
Per andare al mare, Daniela si mette il suo costume rosso.

Find the words that mean:

1) Fashion_____
2) To do shopping_____
3) It is very hot_____
4) She is wearing_____
5) T-shirt_____
6) Green_____
7) Jacket_____
8) Sunglasses_____
9) Coat_____
10) Hat_____
11) Scarf_____

> **Focus: Verbs**
>
> All verbs expressing love/like
>
> Need another verb in infinitive afterwards
> Example: **Amo** (I love) cucin**are**

Find the opposites of:
1) adora_____
2) Inverno_____

Read the following text and compare it with A and find the mistakes in B.

B) Daniela adora molto vesto bene e seguire il moda . Amo andare a fare shopping con la sua migliore amica.
Quando fa molta caldo, Daniela indossare una maglietta verde, una giacca jeans e dei sandali marrone. Porta anche gli occhiali di sole.
In inverno, Daniela indossa sempre il capoto , il capello di lano e la schiarpa .
Per andare al mare, Daniela mette il suo costume rosse.

Listen to the text (or read A and try to memorise it) and write the words that you hear in the blanks

Daniela _____ molto vestirsi bene e seguire la _____ .
Ama andare a _____ _____ con la sua migliore amica.
Quando fa molto _____ Daniela _____ una _____
verde, una giacca di jeans e dei _____ marroni. Porta anche gli
_____ da sole.
In _____, Daniela indossa sempre il _____ , il _____ di
lana e la _____ .
Per andare al mare, Daniela __ _____ il suo _____ rosso.

Arrange the vocabulary in text C according to the following categories:

Verbi Riflessivi	Vestiti	Verbi
_____	_____	_____
_____	_____	_____
_____	_____	_____
_____	_____	_____
_____	_____	_____
	_____	

Match the English with the Italian
1. Porto l'uniforme a scuola
2. Oggi indosso una maglietta azzurra e un pantalone nero.
3. Quando piove indossiamo l'impermeabile.
4. In estate mi metto i sandali
5. Anna indossa il costume da bagno al mare.
6. Il tuo maglione verde mi piace molto!
7. Oggi Andrea indossa una giacca marrone molto elegante.
8. in palestra indosso la tuta.
9. Sara oggi indossa una camicetta rossa.
10. Non mi piace il berretto di Maria.

a. When it rains, we wear the raincoat.
b. like your green jumper a lot!
c. Today I am wearing a light blue t-shirt and black trousers.
d. I wear a tracksuit at the gym
e. In summer I wear sandals
f. I don't like Maria's hat.
g. Anna wears a swimsuit at the beach.
h. I wear the uniform in school
i. Today Andrea is wearing a very elegant brown jacket.
j. Today, Sara is wearing a red blouse.

1)___ ; 2)___ ; 3)___ ; 4)___; 5)___; 6)___; 7)___; 8) ___; 9)___; 10) ___

Match the English with the Italian

Attivitá 2:

1. Oggi voglio andare a fare shopping!
2. Per andare a dormire, mi metto il pigiama.
3. Per andare a un matrimonio, mi metto un vestito elegante.
4. Per andare in ufficio mi metto la giacca e la cravatta.
5. Quelle scarpe col tacco sono proprio belle!
6. In inverno, mi metto la sciarpa per uscire.
7. A mio fratello piace molto il suo zaino verde.
8. Posso provare il vestito che è in vetrina?
9. In estate indosso i pantaloni corti.

a. In winter, I wear a scarf to go out.
b. Those high heels shoes are really nice!
c. May I try on the dress in the shop window?
d. I want to go shopping today!
e. To go to sleep, I wear my pajamas.
f. To go to a wedding I wear an elegant suit.
g. In summer, I wear shorts.
h. To go to the office, I wear a jacket and a tie.
i. My brother really likes his green backpack.

1)_____ ; 2)_____ ; 3)_____ ; 4)_____; 5)_____; 6)_____; 7)_____; 8) _____; 9)_____.

Arrange the following vocabulary according to the categories:

La sciarpa / le scarpe col tacco / la giacca/ lo zaino / i pantaloni/ il pigiama/ la maglietta/ i sandali/ il costume da bagno/ il maglione/ la camicetta/ il berretto/ l'impermeabile/ i pantaloni corti/il vestito/ i guanti/ gli stivali/ le scarpe/ la cravatta/ la tuta/ l'uniforme/ la camicia/ la cintura/ il portafoglio/ l'orologio/ gli occhiali/ il cappello/ le calze/ i calzini

Accessori   abiti   Scarpe   elegante   sportivo   Casual

Choose the correct option

1) Quelle scarpe **rosso/rossa/rosse** sono davvero **bello/bella/belle**.
2) il maglione verde è molto **comodo/comode/comoda**
3) la sciarpa **azzurro/azzurra/azzurre** è molto **caldo/calda/caldi**
4) Porto la divisia **verde/verda/verdi**, non è molto **comodo/comoda/comodi**.
5) Non mi piacciono quegli stivali **marrone/marrona/marroni**, sono troppo **elegante/eleganti/eleganta**.
6) Vorrei provare la maglietta **rosso/rosse/rossa** in vetrina, è **caro/cara/cari**?
7) la tuta è molto **comodo/comoda/comodi**.
8) il cappello **rosso/rossa/rosse** di Giada è molto **elengata/eleganti/elegante**
9) i sandali in vetrina sono molto **care/cari/caro**

| Attivitá 3: |

Read the Italian text and the translation in English. Something is missing in the Italian text, fill in the blanks with the missing Italian word

Marco non _____ fare shopping, è una _____ molto casual e non é alla _____.
Generalmente _____ fa _____ indossa una _____ e un paio di _____. Qualche volta porta gli _____ da sole.
In inverno, invece, _____ il _____, i _____ e gli _____.
Quando va al mare indossa il _____, una _____ e i _____.

Marco does not love going shopping, he is a very casual person and is not fashionable.
Generally, when it is warm, he wears a t-shirt and a pair of jeans. Sometomes he wears sunglasses.
In winter, instead, he wears coat, gloves and boots.
When he goes to the beach he wear the swimming suit, a vest and sandals.

Complete the words
1) la s_ _ ar_ _ (the scarf)
2) il _ a_li_ _ e (the jumper)
3) gli s_ _v_l_ (boots)
4) il _es_i_to   el_g_nt_ (the elegant dress)
5) il _ostu_e. d_ b_gn_ (the swimming suit)
6) la c_nt_r_ (the belt)
7) I san_a_i (the sandals)
8) Io indos_ _ una g_ac_a (I wear a jacket)
9) Io s_no a_l_ m_d_a (I am fashionable)
10) Gli o_ _hi_l_ d_ s_le (sunglasses)

Che cosa indossi?
1) a scuola indosso_____
2) In ufficio indosso_____
3) in palestra indosso_____
4) a letto indosso_____
5) Quando esco indosso_____
6) al mare indosso_____
7) In montagna indosso_____
8) Quando piove indosso_____
9) quando fa freddo indosso_____
10) Quando fa caldo indosso_____

| Attivitá 4: |

Read the texts below and answer the questions:

A) Buongiorno, posso provare i pantaloni azzurri in vetrina?

Buongiorno. Certo! Vuoi provare anche questi pantaloni neri? Sono molto comodi!

No grazie, vorrei provare solo i pantaloni azzurri!

Va bene! Che taglia porti?

Porto la 42.

Perfetto, il camerino è lì! Ti porto subito i pantaloni!

Mi piacciono molto! Quanto costano?

Ti stanno molto bene! Costano 25 euro.

Pago in contanti

Sicuro!

Grazie mille, arrivederci!

B) Buongiorno, posso provare la maglietta verde in vetrina?

Buongiorno. Certo! Vuoi provare anche anche questa camicia bianca? É molto bella!

No grazie, vorrei provare solo la maglietta verde!

Va bene! Che taglia porti?

Porto la Media.

Perfetto, il camerino è a destra! Ti porto subito la maglietta!

Mi piace molto! Quanto costa?

Ti sta molto bene! Costa 25 euro.

Posso pagare con la carta di credito?

Sicuro!

Grazie mille, arrivederci!

In which text?

1) The customer wants to try on a pair of blue trousers_____
2) The sales assitant asks if they want to try a white shirt as well_____
3) the customer's size is a medium_____
4) the fitting rooms are on the right_____
5) the customer pays in cash_____

Find the words that mean:

1) pants_____   4) black_____
2) tshirt_____   5) fitting room_____
3) light blue_____ .   6) Size_____

Listen to the text below (or read the text in the next page and try to memorise it) and fill in the blanks with the words that you hear:

Buongiorno, _____ provare quella _____ marrone in _____.

-Certamente! Che _____ _____?

- una S per favore.

-Un _____.

-Ecco la _____, è molto bella vero?

- Si mi piace tanto.

-Dove sono i _____?

-In fondo al corridoio sulla _____

-Mi _____ molto bene, _____ _____?

-Costa 55 euro.

-Ottimo! Posso _____ con la carta?

-_____

Try to memorise the following text:

-Buongiorno, vorrei provare quella giacca marrone in vetrina.

-Certamente! Che taglia porta?

- una S per favore.

-Un attimo.

-Ecco la giacca, è molto bella vero?

- Si mi piace tanto.

-Dove sono i camerini?

-In fondo al corridoio sulla sinistra

-Mi sta molto bene, quanto costa?

-Costa 55 euro.

-Ottimo! Posso pagare con la carta?

-Certamente

Le definizioni:
1) pagare senza contanti_____
2) Camera dove si provano i vestiti_____
3) si indossa in inverno o autunno_____
3) Chiedere il prezzo_____
4) Esprimere apprezzamento_____

Camerini / quanto costa? / pagare con la carta / giacca

Odd one out:

giacca	Camicia	camerino	scarpe
camerino	corridoio	negozio	commessa
Il prezzo	Quanto costa?	pagare	bello
La taglia	media	provare	grande
giacca	Marrone	verde	rossa

Put the Italian text in the correct order (enter the numbers in the spaces provided). You can follow the English translation to help you out.

_____Dove sono i camerini?
_____Ottimo! Posso pagare con la carta?
_____In fondo al corridoio sulla sinistra
_____Certamente! Che taglia porta?
_____Buongiorno, vorrei provare quella giacca marrone in vetrina.
_____una S per favore.
_____Ecco la giacca, è molto bella vero?
_____Un attimo
_____Mi sta molto bene, quanto costa?
_____Certamente
_____Si mi piace tanto.
_____Costa 55 euro.

-Good morning, can I try that brown jacket in the window?
-Sure! What size do you wear?
-a small please
-one moment
-here is the jacket, it is very nice, isn't it?
-Yes, I like it a lot
-Where are the fitting rooms?
-At the end of the corridor, on the left
-It really suits me, how muchi s it?

-it costs 55 euro.
-Excellent! Can I pay with card?
-Of course.

Split sentences, match the two columns to form sentences

Posso provare	I camerini?
Quanto	In contanti?
Dove sono	Costa?
Mi sta	In fondo al corridoio sulla destra
Che taglia	55 euro
Posso pagare	Porti?
I camerino sono	Molto bene
Costa	Quel cappotto nero in vetrina?

_____
_____
_____
_____
_____
_____
_____
_____

Attivitá 5: *Fill in the blanks in the sentences (you have some clues in English)*

1) Posso provare la _____ in vetrina?
                         Shirt

2) In primavera indosserò le mie _____ preferite!
                                         Shoes

3) Porto una _____ 44.
                  Size

4) Quella _____ nera ti sta davvero bene!
              T-shirt

5) Nel mio armadio ci sono molti _____ nuovi!
   Clothes

6) Per il matrimonio ,Giovanni indosserà un completo elegante e la _____ .
   Tie

7) Il _____ nuovo di Marina mi piace molto!
   Coat

8) Vorrei comprare quella _____.
   Bag

9) Oggi fa caldo, ma Sara indossa il _____ di lana!
   Jumper

Scriviamo Insieme: Write a description by using and expanding on the prompts

- In estate
- La mia uniforme
- Mi metto
- adoro
- perché
- In inverno
- indosso …
- In palestra

La Famiglia

Attivitá 1:

a) Read the text:

A) Ciao mi chiamo Francesco. Ci sono quattro persone nella mia famiglia. Mio padre, mia madre, mio fratello ed io. Mio padre si chiama Luigi, ha 48 anni e fa il medico, lavora in un ospedale nella mia cittá. Mia madre si chiama Silvia, ha 44 anni e fa la professoressa nella mia scuola. Mio fratello é piccolo, va alla scuola elementare ed ha 9 anni. Vado molto d'accordo con la mia famiglia, facciamo molte attivitá insieme.

B) Mi chiamo Sinead, sono irlandese e ci sono cinque persone nella mia famiglia. Mia madre, mio padre, le mie due sorelle ed io.
Mia madre fa l'infermiera, mio padre fa il manager, le mie due sorelle sono piccole e vanno a scuola elementare, io vado alla scuola superiore. Non vado molto d'accordo con le mie sorelle, ogni tanto litighiamo.

Compare A & B and answer the questions:
1) Whose mother is a teacher?_____
2) Whose father is a mager?_____
3) Who has two sisters?_____
4) who gets on with their family?_____
5) who argues with their family?_____

Find the words that mean:
1) Family_____
2) father_____
3) mother_____
4) Doctor_____
5) Hospital_____
6) City_____
7) teacher_____
8) school_____
9) primary school_____
10) small_____

Focus

Possessive Adjectives

	Masculine		Feminine	
	Singular	Plural	Singular	Plural
io	il mio	i miei	la mia	le mie
tu	il tuo	i tuoi	la tua	le tue
lui/lei	il suo	i suoi	la sua	le sue
noi	il nostro	i nostri	la nostra	le nostre
voi	il vostro	i vostri	la vostra	le vostre
loro	il loro	i loro	la loro	le loro

Write all the verbs you find in the text and their infinitive:
chiamarsi   mi chiamo

_____ _____
_____ _____
_____ _____
_____ _____
_____ _____
_____ _____
_____ _____

Complete the words/ expressions:

1) p_ _ r_ (father)
2) _ _ r_ l_ a (sister)
3) fr_ _el_o (brother)
4) ma_ _ _ (mother)
5) mi_ m_dr_ (my mother)
6) m_ _ p_dr_ (my father)
7) m_ _ frat_l_o (my brother)

Match the English with the Italian:

1) My family is very big, we are four.
2) My sister's name is Angela, she is 18 years old.
3) He is tall, he has black hair and blue eyes
4) Angela is tall, she has blond hair and blue eyes.
5) My father's name is Marco, he is 37 years old and works as a doctor
6) She is not very tall, she has blond straight hair and brown eyes.
7) My mother, my father, my sister and I
8) My mother's name is Lucia, she is 36 years old and she is a nurse.

A) Mio padre si chiama Marco, ha trentasette anni e lavora come medico.
B) Mia madre si chiama Lucia, ha trentasei anni e fa l'infermiera.
C) La mia famiglia non é molto grande.
D) Siamo in quattro.
F) É alto, ha i capelli neri e gli occhi azzurri.
G) Mia madre, mio padre, mia sorella ed io.
H) Mia sorella si chiama Angela, ha diciotto anni.
I) Non é molto alta, ha i capelli biondi e lisci e gli occhi castani.
L) Angela é alta ed ha i capelli biondi e gli occhi azzurri

| Attivitá 2: |

Put the text in the correct order:

___ Mio padre si chiama Marco, ha trentasette anni e lavora come medico.
___ Mia madre si chiama Lucia, ha trentasei anni e fa l'infermiera.
___ La mia famiglia non é molto grande.
___ Siamo in quattro.
___ É alto, ha i capelli neri e gli occhi azzurri.
___ Mia madre, mio padre, mia sorella ed io.
___ Mia sorella si chiama Angela, ha diciotto anni, é piú grande di me e studia all'universitá.
___ Non é molto alta, ha i capelli biondi e lisci e gli occhi castani.
___ Angela é alta ed ha i capelli biondi e gli occhi azzurri

Read the texts below and spot the differences
a)*La mia famiglia non é molto grande.*
Siamo in quattro.
Mia madre, mio padre, mia sorella ed io.
Mio padre si chiama Marco, ha trentasette anni e lavora come medico. É alto, ha i capelli neri e gli occhi azzurri.
Mia madre si chiama Lucia, ha trentasei anni e fa l'infermiera.
Non é molto alta, ha i capelli biondi e lisci e gli occhi castani.
Mia sorella si chiama Angela, ha diciotto anni, é piú grande di me e studia all'universitá. Angela é alta ed ha i capelli biondi e gli occhi azzurri.

b)*La mia famiglia non é molto grande.*
Siamo in quattro.
Mia madre, mio padre, mio fratello ed io.
Mio padre si chiama Luca, ha trentotto anni e lavora come meccanico. É alto, ha i capelli castani e gli occhi castani.
Mia madre si chiama Marta, ha trentanove anni e fa l'insegnante.
É alta, ha i capelli rossi e ricci e gli occhi castani.
Mio fratello si chiama Matteo, ha tre anni, é piú piccolo di me e va all'asilo. Matteo é basso ed ha i capelli biondi e gli occhi azzurri.

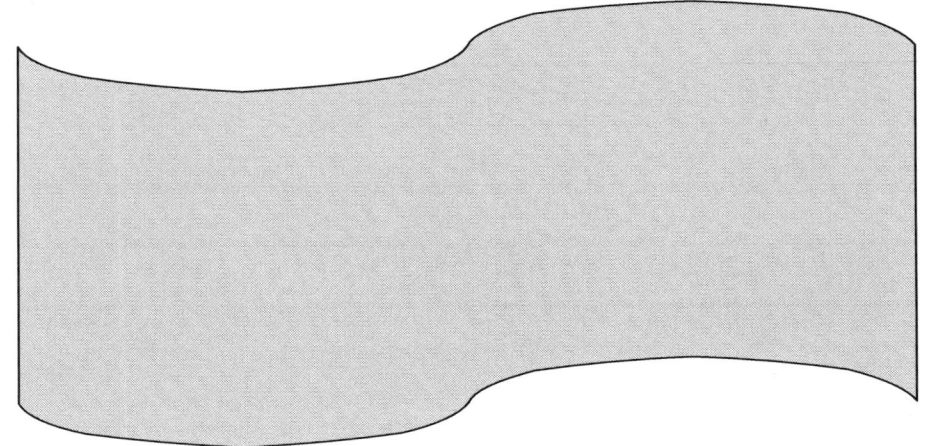

Draw a mind map with keywords in Italian about the two families:

| Attivitá 3: | **Read the following text:** |

Mia madre si chiama Marta e fa l'infermiera, mio padre si chiama Matteo e fa il veterninario. Ho anche due sorelle, Maria e Marcella, sono due sorelle gemelle, sono molto simpatiche. Hanno cinque e otto anni. Mi piace giocare con le mie sorelle e parlare con i miei genitori, i miei genitori sono molto comprensivi e non sono severi, le mie sorelle sono molto divertenti e buffe.

Find the followings in the text:
1) She is a nurse_____
2) He is a vet_____
3) Twin sisters_____
4) They are very nice_____
5) My parents are very understanding_____
6) They are funny_____
7) They are witty_____

Unscramble the sentence:
1) infermiera mia fa madre l'
_____

2) Veterinario il mio fa padre
_____

3) piace con sorelle mi giocare mie le
_____

4) sono i comprensivi miei genitori molto
_____

5) gemelle sono due sorelle
_____

6) sorelle le mie divertenti molto sono
_____

Attivitá 4:

Answer the questions below in Italian

A) Quante persone ci sono nella tua famiglia?
_____

Nella mia famiglia ...
_____
_____
_____

B) Come si chiamano? Quanti anni hanno?
_____
_____
_____
_____
_____

Complete the text with the words you hear or read the following text and try to memorise it.

Ciao a tutti _____,
Oggi vi parlo della _____ famiglia. La _____ famiglia é molto numerosa, siamo in _____.
C'é _____ madre, _____ padre, mia _____ e i miei due _____ ed _____.
Abitiamo in _____ in una casa molto grande.
_____ madre si chiama Marika, ha _____ anni e fa la _____ in una scuola. Ha i capelli neri e lunghi e non é molto _____.
_____ padre ha quarant'anni, lavora come architetto. Ha i capelli _____, gli occhi azzurri ed é molto alto.
_____ sorella é piccola, ha due anni e si chiama Luisa, non va a _____. Ha i capelli biondi e gli _____ castani.
Mio _____ Marco ha ventidue anni, ha i _____ castani e gli occhi azzurri, _____ all'universitá.
_____ fratello Pietro ha sedici anni, ha i capelli biondi e gli occhi _____, é molto alto, come _____ papá e va a scuola.

Io sono Lucia, ho quattordici anni, vado a scuola e sono _____, ho i capelli castani e gli occhi _____, adoro il cinema!

Ciao a tutti ragazzi,
Oggi vi parlo della mia famiglia. La mia famiglia é molto numerosa, siamo in sei.
C'é mia madre, mio padre, mia sorella e i miei due fratelli ed io.
Abitiamo in campagna in una casa molto grande.
Mia madre si chiama Marika, ha quarantadue anni e fa la professoressa in una scuola. Ha i capelli neri e lunghi e non é molto alta.
Mio padre ha quarant'anni, lavora come architetto. Ha i capelli biondi, gli occhi azzurri ed é molto alto. Mia sorella é piccola, ha due anni e si chiama Luisa, non va a scuola. Ha i capelli biondi e gli occhi castani.
Mio fratello Marco ha ventidue anni, ha i capelli castani e gli occhi azzurri, studia all'universitá.
Mio fratello Pietro ha sedici anni, ha i capelli biondi e gli occhi azzurri, é molto alto, come mio papá e va a scuola.
Io sono Lucia, ho quattordici anni, vado a scuola e sono alta, ho i capelli castani e gli occhi castani, adoro il cinema!

Attivitá 5: *Read the text in Italian and complete the translation*

Nella mia famiglia siamo in sei.
Mio padre, mia madre, mio fratello, mia sorella, mia nonna ed io.
Abitiamo in cittá in una casa.
Mio padre é cuoco, ha trentadue anni, ha i capelli neri e gli occhi neri.
Mia madre si chiama Lucia, ha trentatré anni, é alta ed ha i capelli biondi e gli occhi verdi. Fa la casalinga.
Mio fratello ha diciannove anni, é alto, ha i capelli castani e gli occhi verdi, si chiama Filippo e lavora in un negozio.
Mia sorella si chiama Laura, lavora in una scuola come insegnante ed ha ventidue anni, é bassa, ha i capelli neri e gli occhi verdi.
Mia nonna ha sessantaquattro anni, é molto allegra. Non é alta, ha i capelli bianchi e gli occhi azzurri, si chiama Elisa.

We are _____ in my _____
My_____, my _____, my_____, my _____,
my_____ and myself.
We _____ in the city, in a _____.
My father is a _____, he is_____ years old, he has black_____ and _____ eyes.
My mother's name is_____, she _____ 32 years old and has blond _____ and green _____.
She is a _____.
_____ brother is _____ years old, he is_____, has brown _____ and green_____, his name is Filippo and_____ in a shop.
_____ sister's name is Laura, she_____ in a school as a _____ and is_____ years old, _____ short and has_____ hair and _____ eyes.
My grandmother is_____ years old, she _____ very happy. She is not_____, has white_____ and blue_____. Her name is_____

Leggi il blog e completa con le opzioni corrette

Ciao ragazzi,
Quanto tempo!
Oggi vi racconto che cosa ho fatto con la **mia/mio/miei/mie** famiglia ieri. Ieri é stato il compleanno di **mia/mia/mie/miei** nonna, siamo andati a mangiare al ristorante, abbiamo mangiato la pasta al ragú ed abbiamo mangiato il pesce, che buono!
Sono andata al ristorante con **mia/mio/miei/mie** madre, **mio/mia/miei/mie** padre, **mia/mio/tua** sorella e **mia/mio** zia.
Dopo siamo tornati a casa **nostra/nostro/nostri** ed abbiamo fatto una festa a sorpresa per **mia/mio/miei/mie** nonna.
Mio/miei/mie/mia zio é cuoco ed ha fatto una torta buonissima.
Sono venuti **mia/miei/mio** zio, tre **miei/mie/mia** zie, tutti i **mio/miei/mie** cugini (ho tanti cugini!)
Abbiamo cantato, abbiamo ballato, io ho giocato a carte con **mio/miei/mia** nonna.
Abbiamo passato una giornata bellissima.

Build a dialogue between two people by using the expressions/ words below. Expand as necessary

Si chiama/ mia madre / ha____anni

Come si chiama_____?/ tuo/tua/tuoi/tue

Che cosa fa/fanno?/ mio/mia/miei/mie

Quanti anni ha/hanno?

Il tempo atmosferico
Read the following descriptions

Attivitá 1:

20 maggio
Oggi il tempo é bellissimo! Fa caldo, ci sono 20 gradi! C'é il sole!

18 marzo
Oggi il clima é temperato, non fa caldo ma non fa freddo.
É nuvoloso.

2 ottobre
Oggi c'é brutto tempo! Piove e fa freddo!

11 novembre
Oggi c'é il vento e la pioggia. É una brutta giornata! Fa molto freddo, ci sono 4 gradi!

15 gennaio
Oggi c'é la nebbia e fa molto freddo! C'é un clima umido. Che brutto!

4 luglio
Una giornata molto calda, c'é il sole, non tira vento. Ci sono 30 gradi! É la giornata perfetta per andare al mare!

25 dicembre
Oggi fa molto freddo, c'é la neve e il ghiaccio!

Find the Italian for:
1) rain_____
2) wind_____
3) humid_____
4) it is hot_____
5) it is cold_____
6) it is cloudy_____
7) fog_____
8) it is windy_____
9) snow_____
10) ice_____

Complete the words:

1) pio_ _ ia (rain)
2) _e_e (snow)
3) nu_ola (cloud)
4) _ al_o (hot)
5) fr_ _ do (cold)

Split sentences:

        In estate   Fa freddo
        In autunno   Fa caldo
        In inverno   É variabile
        In primavera   Tira vento

_____

_____

_____

_____

Read the texts again and write the season in Italian next to the days:

20/5_____
18/3_____
2/10_____
11/11_____
15/1_____
4/7_____
25/12_____

Complete the words:
1) e_t_ _e
2) au_ _n_o
3) p_ _ _av_ _a
4) In_e_ n_

In Italia, quando comincia:
l'estate?_____
l'autunno?_____
La primavera?_____
L'inverno?_____

Complete the sentences:

1) Oggi il tempo é_____
Today the weather is very nice

2) Fa molto_____
It is very cold

3) oggi c'é la_____
Today it is foggy

4) É _____
It is cloudy

5) Tira_____
It is windy

6) c'é la_____
There is snow

7) oggi _____
Today it is raining

8) Che freddo! C'é il_____
How cold! There is ice

7) oggi é molto_____
Today it is very humid

8) Fa molto_____
It is very hot

Attivitá 2:

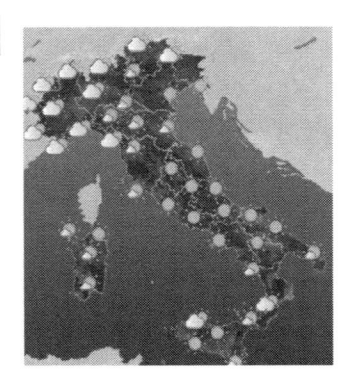

Com'é il tempo in Italia oggi?

Al nord il tempo é variabile, al nord ovest é nuvoloso con molte nuvole. Al nord est c'é il sole. Fa molto caldo.
Al centro c'é un tempo bellissimo, c'é il sole e fa caldo.
Al sud c'é il sole, fa caldo ma piove sulle montagne. I mari sono calmi e le temperature sono tra i 20 e i 25 gradi.

Com'é il tempo in Irlanda oggi?

Al nord é variabile, al nord est piove e ci sono temporali.
Al centro piove e c'é il sole.
Al sud ovest c'é il sole ma ci sono anche temporali e tira vento. Al sud e al sud est ci sono temporali e pioggia.
Le temperature sono tra i 10 e il 15 gradi, i mari sono mossi.

Find the meaning of:
1) Nord_____
2) Sud_____
3) Est_____
4) Ovest_____
5) montagne_____
6) temporali_____
7) Temperature_____
8) calmi_____
9) mossi_____

In which Country is:

1) sunny in the south?
_____

2) Raining in the south-east?
_____

3) Raining on southern mountains?
_____

4) very hot?
_____

5) variable in the centre?
_____

Spot and correct the mistakes:

1) Al nord il tempo é variabili
_____

There is variable weather in the north

2) A Milano ci sono un tempo bellissimi
_____

There is a beautiful weather in Milan

3) Sono nuvole a Roma
_____

It is cloudy in Rome

4) c'é freddo a Dublino

_____

It is cold in Dublin

5) le temperature é tra 10 e 15 gradi

_____

Temperatures are between 10 and 15 degrees

Unscramble the sentences:

1) bellissimo/c'é/ tempo/ oggi/un

_____

Today there is a beautiful weather

2) freddo/oggi/ fa/ molto

_____

Today it is very cold

3) Italia/ caldo/sempre/ fa/in

_____

In Italy it is always warm

| Attivitá 3: | Match the words on the left hand side with the words/expressions on top as shown in the example. |

More than one match is possible.

        tira   cade   riscalda É forte É bello/a abbronza é brutto é pauroso

Il sole
La pioggia
Il vento.   X
Il temporale
La neve
La nebbia
Il tempo

Complete the sentences:
1) _____ tira
2) il sole _____
3) la nebbia _____
4) _____ é bella
5) _____ abbronza
6) _____ é pauroso

Read the descriptions and write the definition of the weather-related noun in Italian

1) É bianca, fredda, é sulle montagne_____
2) É caldo, bello, non c'é mai in Irlanda_____
3) É fredda, frequente in Irlanda_____
4) É brutto, freddo e ventoso in Irlanda_____
5) é bello, caldo e secco in Italia_____

Attivitá 4:

Match the English with the Italian

l'impermeabile	The sandals
La sciarpa	The Raincoat
La maglietta	The coat
I sandali	The shorts
Il cappotto	The sunglasses
Il cappello	The Swimming suit
Il costume da bagno	The ski gear
I pantaloncini	The scarf
La tuta da sci	The hat
Gli occhiali da sole	The Tshirt

Split sentences: match the two parts

Mi metto l'impermeabile	*Quando fa caldo*
Mi metto la sciarpa	*In estate*
Mi metto la maglietta	*Quando sono al mare*
Mi metto i sandali	*Quando piove*
Mi metto il cappotto	*In inverno*
Mi metto il cappello	*Quando sono in montagna*
Mi metto il costume da bagno	*Quando c'é il sole*
Mi metto i pantaloncini	*Quando fa caldo*
Mi metto la tuta da sci	*Quando fa freddo*
Mi metto gli occhiali da sole	*Quando fa freddo*

_____
_____
_____
_____
_____

_____
_____
_____
_____

Organise the clothes vocabulary according to the seasons:

In estate mi metto_____
_____
_____
_____
_____

In primavera mi metto_____
_____

In autunno mi metto _____
_____
_____

In inverno mi metto _____
_____

Attivitá 5: Read the texts below:

Milano

Cielo poco nuvoloso, qualche temporale isolato ma generalmente secco. Le temperature saranno comprese tra i diciotto e i venti gradi.

Firenze

Cielo sereno con temperature molto alte, comprese tra i trenta ed i trentacinque gradi. Durante la notte ci saranno temporali.

Venezia

Cielo coperto, temperature in discesa, comprese tra i quindici ed i diciotto gradi. Qualche temporale sará possibile nel pomeriggio.

Roma

Tempo soleggiato per domani e per tutta la settimana. Temperature stabili comprese tra i venti ed i venticinque gradi.

Palermo

Temperature estive con punte di trentacinque gradi. Qualche temporale forte isolato durante la notte, soprattutto sulle coste.

Napoli

Tempo piovoso con temporali anche forti durante tutta la giornata. Le temperature saranno stabili tra i diciotto ed i venti gradi.

Find the words that mean:
1) cloudy_____
2) dry_____
3) between_____
4) high_____
5) thunderstorms_____
6) decreasing_____
7) afternoon_____
8) overcast_____
9) sunny_____
10) stable_____

Write the city:
1) thunderstorms likely in the afternoon_____
2) Sunny weather_____
3) rainy weather_____
4) Stable temperatures_____
5) thunderstorms likely over night_____

What does 'con punte di' mean?
_____

Complete the sentences:

1) Ciel_ po_o nu_olo_ _

2) qual_h_ tem_or_ _e iso_ a_o

3) T_m_o p_ov_s_

4) Te_p_ s_ le_ _ ia_ _

5) Tem_erat_r_ st_b_li

Complete the sentences:

1) Cielo soleggiato con _____ molto alte

2) Tempo_____ con piogge durante tutto il giorno.

3) Temperature estive con _____ di trentacinque gradi.

4) Cielo_____ con nuvole

5) Cielo _____ con caldo e temperature alte

Associate the weather with the emotions:

C'é il sole	Sono meravigliato
piove	Sono al settimo cielo
C'é la neve	Sono felice
Fa freddo	Sono depresso
Fa caldo	Sono triste

_____ _____
_____ _____

The idiom: 'Essere al settimo cielo' significa:

a) Essere molto felice
b) Essere molto triste
c) Essere distratto

Attivitá 6:

Read the following texts

Ieri sera ero a casa, facevo i compiti ed il tempo era molto brutto. Pioveva e faceva molto freddo, ero molto depresso.
Marco.

Il mese scorso sono andato in Italia, il tempo era bellissimo, faceva caldo e c'era il sole, ero davvero felice!
Sinead

Due anni fa sono andato in Alaska, il tempo era molto brutto, faceva freddissimo, c'era la neve ed il ghiaccio ma ero al settimo cielo!
Sean

Vero o falso?
1) Marco was very happy_____
2) Sean was depressed_____
3) Sinead was sad_____

Complete the sentences:

1) Ieri il tempo_____ brutto
Yesterday the weather was bad.

2) La settimana scorsa il_____ _____ bellissimo
Last week the weather was great

3) In Italia il tempo _____ bellissimo, _____ caldo e c'___ sempre il sole
In Italy the weather was very nice, it was warm and it was alwas sunny.

Read the weather reports and draw the weather symbols on the map or have a look at the map and write the text.

Al nord il tempo sará soleggiato, al centro sará variabile con temporali. Al sud tirerá vento e sará nuvoloso

Al sud il tempo sará piovoso e ventoso.
Al centro nevicherá.
Al nord ci sará il sole. A dublino pioverá e la temperatura sará di due gradi.

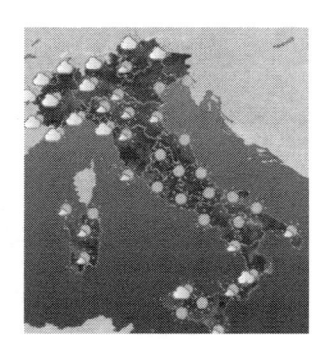

_____
_____
_____
_____

_____
_____
_____

La Casa

Attivitá 1: *The three texts are very similar, can you spot all the differences?*

La mia casa ideale A
Nella mia casa ideale ci sono sei camere. Due camere da letto, un soggiorno molto grande, un bagno grande e un bagno piccolo e una cucina attrezzata. C'è anche un giardino molto grande con molte piante. C'è un garage e ci sono molte finestre. Nella mia casa ideale c'è un camino nel soggiorno. Nel soggiorno c'è un tavolo, una televisione e un divano, sotto il divano c'è un tappeto. Nella cucina ci sono molti elettrodomestici, nel bagno c'è una vasca idromassaggio. Accanto alla piscina c'è il giardino. Nel garage c'è la macchina. Dietro la casa c'è un giardino grande. La mia casa ideale è una casa unifamiliare.

La mia casa ideale B
Nella mia casa ideale ci sono cinque camere. Una camera da letto, un soggiorno, un bagno grande e un bagno piccolo e una cucina piccola. C'è anche un giardino piccolo con qualche pianta. C'è un garage e ci sono sei finestre. Nella mia casa ideale non c'è un camino nel soggiorno. Nel soggiorno c'è un tavolo, accanto al tavolo c'è una libreria e un divano, sotto il divano non c'è un tappeto. Nella cucina ci sono alcuni elettrodomestici, nel bagno c'è una doccia. Accanto al giardino c'è il garage. Nel garage ci sono la macchina e il motorino. Dietro la casa non c'è un giardino.
La mia casa ideale è una casa bifamiliare

La mia casa ideale C
Nella mia casa ideale ci sono due camere. Una camera da letto, un soggiorno molto grande con una cucina piccola e un bagno. Non c'è un giardino. Non c'è un garage ma ci sono molte finestre. Nella mia casa ideale non c'è un camino ma una stufa elettrica. Nel soggiorno c'è un tavolo grande, una televisione e un divano, accanto al divano c'è la scrivania, sotto il divano c'è un tappeto. Nella cucina non ci sono molti elettrodomestici, nel bagno c'è una vasca molto piccola. La mia casa ideale è un appartamento.

Find out in which text:
1) There are two rooms_____
2) There is a well equipped kitchen_____
3) There are some plants in the garden_____
4) There is no garage_____

5) There is a jacuzzi in the bathroom_____
6) There is a small bath_____
7) there is an electric stove_____
8) There is a swimming pool_____
9) the house is an apartment_____
10) the house is semidetached_____
11) the house is detached_____

Find the meaning of:

1) Grande_____
2) Piccolo_____
3) attrezzata_____
4) piante_____
5) elettrodomestici_____
6) unifamiliare_____

Find the opposites of:

1) grande_____
2) piccolo_____
3) attrezzata_____
4) c'é_____
5) sotto_____
6) accanto_____

Spot the spelling mistakes:

1) cucino_____
2) una soggiorno_____
3) Nello soggiorno_____
4) casa ideala_____
5) giardino grando_____
6) la mio casa_____
7) nel cucina_____
8) nello bagno_____

| **Attivitá 2:** | ***The bad translations: spot the differences in the three translations.*** |

La mia casa ideale è una casa unifamiliare nella campagna. Ci sono sette stanze, tre camere da letto, una è molto grande, le altre due più piccole. C'è una cucina molto attrezzata con tutti gli elettrodomestici. Accanto alla cucina c'è anche un ripostiglio con la lavatrice e l'asciugatrice. Inoltre, al piano di sopra c'è anche un bagno molto grande con la vasca idromassaggio e la doccia. Al piano terra c'è anche un salotto, nel salotto ci sono molti mobili, c'è il tavolo, sotto il tavolo c'è un tappeto, accanto alla libreria c'è una finestra e sotto la finestra ci sono delle piante. C'è anche un bagno piccolo ed una sala da pranzo molto grande. C'è un giardino davanti alla casa e uno dietro alla casa, con una piscina grande.

A. My ideal house is a semidetached house in the city. There are eight rooms, four bedrooms, one bedroom is very big, the other three are smaller. There is a very well equipped kitchen with all the hardwares. Behind to the kitchen there is a utility room with a washing machine and a dryer and a bathroom. Besides, on the second floor there is a very smal bathroom with a shower. On the first floor there is a sitting room, in the sitting room there is a lot of furniture, there is a table, next to the table there is a carpet, at the left of the bookcase there are two windows and on top of the windows there are many plants. There is also a big bathroom and a very big dining room. There is no garden.

B My ideal house is a detached house in the centre. There are seven rooms, two bedrooms, one bedroom is very big, the other one is smaller. There is a very well equipped kitchen with all the cuttlery. Next to the kitchen there are two utility rooms with a washing machine and a dryer. In addition, on the ground floor there is a very big bathroom with a Jacuzzi. On the first floor there is a sitting room, in the sitting room there is a lot of furniture, there is no table, in the middle there is a rug, on the bookcase there is a vase and in the vase there are a lot of plants. There is also a small bathroom and a very big dining room. There is a garden in front of the house.

C My ideal house is an apartment house in the outskits. There are seven rooms, three bedrooms, one bedroom is small, the other two are bigger. There is an equipped kitchen with all the necessary things. Next to the kitchen there is a utility room with a washing machine and a sink. Besides, on the top floor there is a small bathroom with a shower. On the ground floor there is a dining room, in the sitting room there is a lot of furniture, there is a coffee table, under the table there is a rug, next to the library there is a window and on the window-sill there are some plants. There is also a small bathroom and a very big dining room. There is a garden in front of the house with a big heated pool.

Circle = different term   **?**= missing concept

In your copy, write how to say the different terms in Italian.

Attivitá 3: **Match the English with the Italian**

1. La cucina nuova è molto moderna!
2. Nella cucina c'é un forno vecchio!
3. Nel soggiorno ci sono un tappeto e un divano.
4. Antonio abita in una casa in campagna.
5. Nella mia casa ci sono quattro camere da letto.
6. Nel soggiorno c'é un divano nuovo
7. Nella casa di mio cugino ci sono due televisioni.
8. Il lavandino in bagno è molto elegante.
9. Quante stanze ci sono nella tua casa?
10. Ci sono molti mobili

a. How many rooms are there in your house?
b. The sink in the bathroom is very elegant.
c. there is a lot of furniture!
d. There is an old oven in the kitchen!
e. In my cousin's house there are two televisions.
f. Antonio lives in a house in the countryside.
g. In my house there are four bedrooms.
h. In the sitting room there are a carpet and a sofa.
i. The new kitchen is very modern!
j. In the sitting room there is a new sofa

1)____ ; 2)____ ; 3)____ ; 4)____ ; 5)____ ; 6)____ ; 7)____ ; 8)____ ;
9)____ ; 10)____ .

Focus: Preposizioni Articolate

➡	IL	LO	L'	LA	I	GLI	LE
DI	DEL	DELLO	DELL'	DELLA	DEI	DEGLI	DELLE
A	AL	ALLO	ALL'	ALLA	AI	AGLI	ALLE
DA	DAL	DALLO	DALL'	DALLA	DAI	DAGLI	DALLE
IN	NEL	NELLO	NELL'	NELLA	NEI	NEGLI	NELLE
SU	SUL	SULLO	SULL'	SULLA	SUI	SUGLI	SULLE

Split sentences. Match the two sides to form sentences:

1) Nel   a) Piano di sopra
2) Nella   b) Casa di campagna
3) In una   c) cucina
4) al   d) bagno
5) in   e) Alla cucina
6) accanto   f) bagno

_____
_____
_____
_____
_____

Organise the vocabulary in the text in ATTIVITÁ 2 according to the categories below:

Nella cucina c'é/ci sono: _____
_____
_____

Nel bagno c'é/ci sono: _____
_____
_____

Nel soggiorno c'é/ci sono: _____
_____
_____
_____

Attivitá 4:

Read the two texts:

a) Abito in una casa moderna, nella periferia di Dublino. Ci sono sei stanze. Non é una casa molto grande ma me piace molto e per me é perfetta. Ci sono tre camere da letto al piano di sopra e c'é anche un bagno con una vasca. Nella camera dei miei genitori c'é anche il bagno in camera con una doccia, é piccolo ma molto comodo. Accanto alla mia camera c'é la camera di mia sorella, é piccola ma ha una bella finestra grande. Il bagno é a destra della mia camera.
Al piano di sotto c'é la cucina, a sinistra della cucina c'é un ripostiglio e a destra della cucina c'é un salotto molto grande. C'é anche un bagno molto piccolo. Marco

b) Abito in un appartamento, é molto grande e ci sono quattro camere. C'é la cucina, il bagno e due camere da letto. Non abbiamo il ripostiglio ma la cucina é molto grande e la usiamo anche come soggiorno.
Il bagno é grande ed ha una vasca ed una doccia.
La mia camera é molto bella e grande e c'é anche un balcone con molti fiori.
La camera dei miei genitori é bella ed elegante.
La cucina é molto attrezzata ed abbiamo anche un terrazzo enorme con molte piante e fiori.
Serena

Whose house is in the outskirts?_____
Whose room has a balcony?_____
Whose house has six rooms?_____
Who lives in an apartment?_____
Whose bathroom is on the right of their room?_____
Who has a terrace?_____
Whose house has a utility room?_____
Who has a big house?_____
Who has a small house?_____
What is on the left of Marco's kitchen?_____
Who has a bath and a shower in their bathroom?_____

Organise the vocabulary in both texts according to the categories:

Sostantivi maschili singolari:
_____
_____

Sostantivi femminili singolari
_____
_____

Sostantivi maschili plurali
_____
_____

Sostantivi femminili plurali
_____
_____

Attivitá 5: *Read the Italian text and the translation in English. Something is missing in the Italian text, fill in the blanks with the missing Italian word*

La mia casa è molto _____ . Ci sono cinque _____ da letto, due _____ , la _____ e un salotto.
La mia stanza _____ è la mia camera ___ _____ .
Nella mia camera _____ sono: una _____ , un _____ , un _____ e un _____ . Sulle _____ ci sono i poster del mio gruppo preferito. _____ alla scrivania c'è una _____ . Nella mia _____ da _____ c'è anche una _____ .
Quando fa caldo, mi piace leggere nel _____ di _____ alla mia casa.

My house is very big.
There are five bedrooms, two bathrooms, the kitchen and the living room.
My favourite room is my bedroom. In my bedroom there are: a desk, a bed, a wardrobe and a bedside table.
On the walls there are the posters of my favourite band.
Besides the desk there is a bookshelf.
In my bedroom there is also a window.
When it is hot, I like reading in the garden in front of my house.

Attivitá 6: Put the Italian text in the correct order (enter the numbers in the spaces provided). You can follow the English translation to help you out.

In Viale Pola, a house with a spacious garden is for sale.
In the house there are the living room, the dining room, three big bedrooms, a bright kitchen and a very big bathroom.
In the kitchen there are an oven and a modern fridge.
The bathroom has a whirlpool bath and an ancient mirror.
All the bedrooms are spacious and have windows. There are also a cellar and a garage.

_____ Nella cucina ci sono un forno e un frigorifero moderno.
_____ Ci sono anche una cantina e un ampio garage.
_____ Tutte le camere da letto sono spaziose e hanno le finestre.
_____ Nella casa ci sono un salotto, la sala da pranzo, tre grandi camere da letto, una cucina luminosa e un bagno molto grande.
_____ In Viale Pola è in vendita una villa con un giardino spazioso.
_____ Il bagno ha una vasca idromassaggio e uno specchio antico.

Fill in the blanks in the sentences (you have some clues in English)

1) La mia casa ideale ha una _____ molto grande!

  Terrace

2) Le pareti della mia _____ ____ _____ sono di un bel giallo!
  Bedroom

3) la _____ dove abito è abbastanza tranquillo.
    area

4) Il _____ rosso in salotto è davvero comodo.
    couch

5) La _____ è piena di libri e quaderni.
    Desk

6) Quella casa ha anche la piscina in _____!
  Garden

7) La torta è nel _____.
                    oven

8) Tu abiti in un _____ ?
                    Apartment

9) Il tavolo e le _____ sono un po' vecchi.
                    Chairs

Attivitá 7: *Circle the correct options*

La mia casa
La mia casa non é molto grande, abito in un **appartamento/appartamenta** al primo **piano/piana**.
Ci sono/c'é molte stanze: **c'é/ci sono** una cucina grande, **c'é/ci sono** un soggiorno **piccolo/piccola**, **c'é/ci sono** due camere da letto, **c'é/ci sono** un bagno piccolo.
Non **c'é/ci sono** un giardino ma **accanto al/accanto del** palazzo **c'é/ci sono** un parco molto **grande/grando**.
Nella mia camera **c'é/ci sono** molti poster, **c'é/ci sono** una scrivania, **c'é/ci sono** un armadio dove **ci sono/c'é** tutti i miei vestiti. Mi piace la mia camera perché **é/sono** molto confortevole e **spazioso/spaziosa**.

Find out the meaning of the verbs below and then arrange them according to what you would do in each room

Mangiare_____, dormire_____,
guardare la televisione_____ Fare la doccia_____
cucinare_____ Rilassarsi_____
Leggere un libro_____ Pranzare_____
Cenare_____Studiare_____
Fare i compiti_____Parlare con gli amici_____

Attivitá 8: **In quale stanza?**

• La poltrona • il tavolo • il comodino • la sedia • il frigorifero • il letto matrimoniale • la TV • il lavandino •il divano • il gabinetto • il cuscino • il tavolino • il tappeto •la libreria •gli scaffali •il forno •il lavello •il forno a microonde •la lampada •il congelatore • la doccia • la poltrona • il bollitore • la finestra •la vasca

Nel bagno   Nella cucina   Nella camera da letto

Nel soggiorno   Nella sala da pranzo

Probabile o Improbabile?

1) Mangio nella camera da letto_____
2) Dormo nel bagno_____
3) Guardo la televisione nel giardino_____
4) Faccio la doccia in cucina_____
5) Cucino in garage_____
6) Mi rilasso nel soggiorno_____
7) Prendo il sole nel giardino_____
8) Leggo un libro in cucina_____
9) Studio in garage_____
10) Faccio i compiti nella camera da letto_____

Complete the sentences

1) Dormo nella c_____ d__ l_____
2) Cucino in c_____
3) Faccio la doccia in b_____
4) Prendo il sole in g_____o
5) Guardo la _____ in soggiorno

Il cibo

Read the text below

Attivitá 1:

Generalmente a colazione mangio latte e biscotti, alcune volte mangio anche i cereali ma non sempre. Il mio amico irlandese fa una colazione abbondante, in Italia la colazione non é abbondante ma veloce.

A pranzo, mangio a scuola, generalmente mangio un panino, alcune volte mangio nella mensa ed adoro le lasagne.

A cena, ceno generalmente con la mia famiglia ma non mangio molto perché non ho molta fame ma mi piace lo stufato. Adoro i dolci, soprattutto i dolci Italiani come il tiramisú ed il gelato! Che buoni!

Find in the text the words/phrases that mean:

1) Generally_____
2) Big_____
3) quick_____
4) I generally eat a roll_____
5) I am not very hungry_____

Find the opposites of:

1) abbondante_____
2) veloce_____
3) non ho molta fame_____
4) Adoro_____
5) Alcune volte_____

Unscramble the sentences:

1) biscotti latte e mangio colazione a generalmente
_____

2) volte cereali non mangio sempre a i
_____

3) a mangio pranzo scuola a
_____

4) fame non molta ho
_____

5) dolci adoro i Italiani dolci soprattutto tiramisú il

Find the mistakes in the sentences:

1) A colazione mangia latte i biscotti

2) Il mio amica irlandese faccio una colazione abbondante

3) Alcuna volte mangio in la mensa e adoto le lasagna

4) A cena generalmente no mangi moto

5) Soprattutto i dolce italiano

Complete the words/expressions:

1) C_l_ _io_ _ (breakfast)
2) Pr_n_o (lunch)
3) _e_a (dinner)
4) m_ng_ _ (I eat)
5) b_s_ _tt_ (biscuits)
6) _ _tte (milk)
7) abb_nd_ n_ _ (big)
8) _ a _ _ no (roll)
9) m_ns_ (canteen)

Attivitá 2:   *Match the English with the Italian*

1. Ceno sempre con la mia famiglia.
2. A colazione Andrea mangia latte e biscotti.
3. Generalmente, a pranzo mangiano un panino.
4. Di solito, non mangio molto a cena.
5. Gli Italiani solitamente fanno una colazione veloce.
6. Gli irlandesi generalmente fanno una colazione abbondante.
7. Adoro le lasagne
8. Un piatto tipico Irlandese é lo stufato
9. In Italia la colazione non é abbondante
10. Mia madre adora il tiramisù.

a. Generally, at lunch they eat a roll.
b. Irish people generally have a big breakfast.
c. My mother adores tiramisu.
d. In Italy breakfast is not big
e. A typical Irish dish is the Stew
f. I always have dinner with my family.
g. At breakfast Andrea eats milk and biscuits.
h. Usually, I don't eat really much at dinner.
i. Italians usually have a quick breakfast.
j. I adore lasagne

1)_____ ; 2)_____ ; 3)_____ ; 4)_____ ; 5)_____ ; 6)_____ ; 7)_____ ; 8) _____ ; 9)_____ ; 10).

Place the following foods into the different categories below:

Il Latte	I Biscotti	Il panino	Le lasagne	Lo stufato
Il tiramisú	La pasta	La carne	Il pesce	La verdura
La frutta	I dolci			

Colazione	**Pranzo**	**Merenda**	**Cena**

Match the following foods with the adjectives like in the example (multiple matchings are possible):

Aggettivi   **Cibi**

Buono/a   Il pane
disgustoso/a   il pesce
amaro/a   la carne
piccante   la verdura
dolce   la frutta
salato/a   il gelato
                       la pizza
                       il caffé
                       la torta

Il gelato é buono

_____
_____
_____

Attivitá 3:

Match the Italian with the English
1. Buongiorno e benvenuti al ristorante?
2. Che cosa vuoi ordinare?
3. Posso avere il menu per favore?
4. Vorrei gli spaghetti al pomodoro.
5. Quanto costano?
6. Sono economici!
7. Vuole anche un secondo?
8. La nostra bistecca ai ferri é buonissima!
9. Vorrei anche un'acqua naturale per favore!

a. They are cheap!
b. How much are they?
c. Our grilled steak is very nice!
d. What would you like to order?
e. Good morning and welcome to the restaurant
f. I would like still water please!
g. Can I have the menu please?
h. I would like spaghetti with tomato sauce
I. Would you like a second course as well?

1)_____ ; 2)_____ ; 3)_____ ; 4)_____ ; 5)_____ ; 6)_____ ; 7)_____ ; 8) _____ ; 9)_____ .

Organise the vocabulary in the previous phrases according to the categories:

Sostantivi   **Aggettivi:**

Transform the following adjectives into masculine:

1) buonissima
(*very tasty*)
_____

3) Tipica
(typical)
_____

2) natural
(*still*)
_____

4) veloce
(fast)
_____

Probabile o improbabile?

1) a colazione mangio gli spaghetti_____

2) A pranzo bevo il caffé_____

3) A casa leggo il menú_____

4) A cena Andrea mangia latte e biscotti_____

5) Mangio la pizza a merenda_____

The following sentences have one mistake, correct them

1) Vorrei la spaghetti al pomodoro_____

2) vorrei un'acqua naturala_____

3) Ceno la mia famiglia_____

4) Non mangio molta a cena_____

5) La bistecca é buonissimo_____

> **Attivitá 4:** *Read the dialogues below and do the following activities:*

Dialogo 1:

Benvenuto al nostro ristorante! Che cosa prende?

Buonasera! Non lo so ancora... Posso avere il menu?

Certo! Eccolo!

Allora... Vorrei gli spaghetti alla carbonara. Quanto costano?

Costano 6,50 €!

Sono economici!

È vero! Vuole anche un secondo? La nostra bistecca ai ferri è buonissima!

No, grazie. Però vorrei anche un'acqua, per favore!

Naturale o Frizzante?

Preferisco naturale.

Va bene!

Dialogo 2:

Buonasera e benvenuto al nostro ristorante! Che cosa prende?

Buonasera! Non lo so ancora... Posso avere il menu?

Certo! Eccolo!

Allora... Vorrei la carne alla griglia. Quanto costa?

Costano 6,50 €!

È economica!

È vero! Vuole anche un contorno? La nostra verdura è buonissima!

No, grazie. Però vorrei anche un bicchiere di vino, per favore!

Rosso o bianco?

Preferisco Rosso.

Va bene!

Find out in which text:

1) The customer orders meat_____
2) the customer orders water_____
3) the waiter suggests vegetables_____
4) the customer orders wine_____

Split sentences: Match the two columns to form sentences

Vorrei   Costa?
Vuole anche   Il menu?
Quanto   La verdura?
Posso avere   naturale
Un'acqua   Il pesce

_____ _____

_____ _____

_____

Find the opposites of:
1) Vino rosso_____
2) Acqua naturale_____
3) economico_____

Unscramble the sentences:

benvenuti Buongiorno, ristorante al nostro
_____

Vuole cosa ordinare che ?
_____

Menu posso il avere ?
_____

Carbonara gli vorrei alla spaghetti
_____

Nostra ferri bistecca ai la buonissima é !
_____

97

Le definizioni: match the definition with the word:

si cucina alla griglia/ contiene gas / è un prodotto animale / è un prodotto vegetale / è fatto con l'uva/ la lista dei cibi

Il vino_____

La carne_____

La verdure_____

Acqua frizzante_____

Vino_____

Ai ferri_____

Il menu_____

Vocabolario:
Benvenuto - Welcome
Che cosa prende? - what are you having?
Posso avere …? Can I have …?
Vorrei - I would like
Quanto costa? - how much is it?
Quanto costano? - how much are they?
Costa - it costs
Costano - they cost
Vuole anche…? - Do you also want….?
Preferisco…. – I prefer
No grazie - no thank you

Write the appropriate phrase according to the situations:
1) Salutare al ristorante_____

2) Chiedere il menu_____

3) Chiedere il prezzo_____

4) Dire il prezzo_____

5) Rifiutare_____

6) Preferences_____

Attività 5: Read the Italian text and the translation in English. Something is missing in the Italian text, fill in the blanks with the missing Italian word

Cara Aisling,
Come stai? Oggi ti voglio parlare del _____ in Italia.
Generalmente, in Italia _____ un _____, un primo, un
_____ , un contorno e un _____.
I _____ di solito sono _____ o risotti (per esempio: spaghetti al sugo, lasagne, pasta alla carbonara, risotto alla milanese ecc.).
I secondi sono piatti di _____ o di _____. Se vuoi, puoi _____ anche un contorno, generalmente _____.
Infine, si può prendere un _____, ad esempio una fetta di _____, una _____ di tiramisù, un _____ ecc.
La cucina italiana è molto famosa soprattutto per la pasta e la pizza, ma nella nostra _____ quotidiana ci sono anche legumi, verdura, _____, _____, _____ ecc.
Come mangiate generalmente in Irlanda? Aspetto una tua risposta.
Agata

Dear Aisling,
How are you? Today, I want to talk to you about food in Italy.
Generally, in Italy we eat a starter, a first course, a second course, a side and a dessert.
First courses are usually pasta or risotto (for example: spaghetti with tomato sauce, lasagna, pasta alla carbonara, risotto alla milanese etc.).
Second courses are dishes made of meat or fish. If you want, you can also eat a side, generally vegetables.
Eventually, you can have a dessert, for example a slice of cake, a piece of tiramisu, an ice cream etc.
Italian cuisine is very famous especially for pasta and pizza, but in our diet there are also beans, vegetables, fruit, meat, fish etc.
How do you generally eat in Ireland? I will wait for your reply.
Agata

Attivitá 6: *Read the comments*

> Marco: Adoro la pasta alla carbonara, non mi piace il pesce, preferisco la carne. I miei dolci preferiti sono il cioccolato ed il gelato!

> Alessandro: Adoro la pasta e la pizza, sono i miei cibi preferiti! Non mi piace la carne e la verdura!

> Franca: a pranzo mangio sempre un panino con il prosciutto e una zuppa

> Giulia: Non mi piace il cibo Italiano, preferisco il cibo Irlandese, non sopporto la pasta.

> Luca: non sopporto il formaggio!

> Martina: Adoro il gelato e la pizza

Find out who:
1) Likes Pasta_____
2) Does not like fish_____
3) Does not like Italian Food_____
4) Cannot stand cheese_____
5) Prefers Irish food_____
6) Adores Pizza and Icecream_____
7) Eats a ham roll and soup_____
8) Cannot stand pasta_____
9) Does not like meat and vegetable_____
10) Likes chocolate_____

Fill in the blanks in the sentences (you have some clues in English)

1) Non mi piace il pesce, _____ la carne!
                                   I Prefer

2) A colazione di solito mangio latte e _____.
                                           Cereals

3) Oggi ho mangiato solo un panino con _____ e_____.
                                Ham   cheese

4) _____ un primo e un_____.
        I would like   second course

5) In Irlanda molte persone _____ i fagioli a colazione.
                                              Eat

6) Gli spaghetti all'amatriciana che cucina Sara sono davvero _____!
        Good

7) Che caldo! Vorrei un'acqua _____!
                                          sparkling

8) La _____ è un momento molto importante per le famiglie italiane.
           dinner

9) Stasera mangiamo una _____ di legumi.
                                   Soup

Incontri

| Attivitá 1: | The following dialogues are similar but have some differences, can you find them? |

A) Marta: Ciao Alessia, come stai?
Alessia: Bene e tu? Da quanto tempo!!!!
Marta: Ti va di andare al cinema, io vado regolarmente al cinema e tu?
Alessia: Ottimo! No, io non vado al cinema generalmente perché abito lontano. Che cosa andiamo a guardare?
Marta: Vorrei guardare il nuovo film della Marvel, che dici?
Alessia: Wow! Adoro Thor! Chris Hemsworth è il mio attore preferito!
Marta: Dopo possiamo andare a prendere un gelato!
Alessia: Si! Andiamo da Manzoni? Io vado spesso con i miei amici di scuola il sabato.
Marta: Anche io! Vado ogni settimana con Maria. Ogni tanto vado con la mia famiglia.

B) Marta: Ciao Alessia, come stai?
Alessia: non tanto bene e tu? Da quanto tempo!!!!
Marta: Vuoi andare al cinema, io vado regolarmente al cinema e tu?
Alessia: Bene! No, io non vado al cinema di solito perché abito in un'altra cittá. Che cosa andiamo a vedere?
Marta: Mi piacerebbe guardare il nuovo film della Marvel, che ne dici?
Alessia: Wow! Amo Thor! Chris Hemsworth è il mio attore preferito!
Marta: Dopo possiamo andare a prendere un gelato!
Alessia: Si! Ti va di andare da Manzoni? Io vado sempre con i miei amici di scuola il mercoledí.
Marta: Anche io! Vado ogni due settimane con Maria. Ogni tanto vado con mia cugina.

C) Marta: Ciao Alessia, come va?
Alessia: Benissimo e tu? Da quanto tempo!!!!
Marta: Vorresti andare al cinema, io vado regolarmente al cinema e tu?
Alessia: Fantastico! No, io non vado al cinema generalmente perché il cinema vicino a casa mia è troppo piccolo. Che cosa guardiamo?
Marta: Sarebbe bello guardare il nuovo film della Marvel, sei d'accordo?
Alessia: Wow! Mi piace Thor! Chris Hemsworth è il mio attore preferito!
Marta: Dopo possiamo andare a prendere un caffé!

Alessia: Si! Andiamo da Manzoni? Io vado raramente con i miei amici di scuola il lunedí.

Marta: Anche io! Vado ogni giorno con Maria dopo la palestra. Ogni tanto vado con mia sorella

Find the alternatives for:
1) bene e tu?_____
Fine and you?
2) ti va di...?_____
Would you like to...?
3) Ottimo!_____
Excellent!
4) Generalmente_____
Generally
5) Adoro_____
I adore
6) che dici?_____
What do you think?

Find the opposites of:
1) bene e tu?_____
2) ogni settimana_____
Every week
3) Ottimo_____
Excellent

How many ways for 'I would like' can you find in the texts?

1) _____
2) _____
3) _____
4) _____
5) _____
6) _____

Complete the expressions:

1) Ot_ _ mo (excellent)
2) Gene_ a_m_nte (generally)
3) Ti _a d_ ...? (Would you like to...?)
4) c_e ne d_c_? (What do you think?)
5) M_ P_ _ _ e (I like)
6) _ d_r_ (I adore)
7) Og_ i s_t_ima_a (every week)
8) _ a _ amente (rarely)

Choose the correct option:
1) ti **va/vai/vado** di andare al cinema?
Would you like to go to the cinema?

2) **vuoi/voglio/vuole** andare al cinema?
Do you want to go to the cinema?

3) Io **vado/vai/va** regolarmente al cinema e tu?
I regularly go to the cinema and you?

4) vorrei **guardo/guardi/guardare** il nuovo film della Marvel
I would like to watch the new Marvel movie.

5) io **va/vai/vado** sempre con i miei amici
I always go with my friends

Choose the appropriate answers for the questions:
1) Ti va di andare al cinema?
                 A - Bene e tu?
                 B- Fantastico!
                 C- Raramente

2) Vuoi andare a prendere un gelato?
                 A- Raramente
                 B- Ogni settimana
                 C- Certo!

3) Tu vai al cinema?
                 A- Ogni tanto
                 B- Fantastico!
                 C- Che dici?

Attivitá 2:	**The bad translation, spot the mistakes in the English translation, circle them and write the correct translation in your copy.**

Maria: Ciao Sandra, come stai?
Sandra: Tutto bene tu? Perché non andiamo a mangiare una pizza? Ho una fame...
Maria: Sí, sarebbe fantastico! La pizza al salame è la mia preferita!
Sandra: Io vado raramente in pizzeria, tu?
Maria: Io vado spesso con la mia famiglia. Ogni sabato vado con i miei amici.

Maria: Hi Sandra, how's it going?
Sandra: All good, yourself? Would you like to go and make some pizza? I am so tired...
Maria: Yes, it would be good! Margherita Pizza is my best one!
Sandra: I always go to the restaurant and you?
Maria: I do not go very often, sometimes with my family. I never go with my friends from school.

Find in the text the expressions that mean:
1) How are you?_____
2) Why don't we go ...?_____
3) it would be fantastic!_____
4) rarely_____
5) often_____

Probabile o improbabile? Indicate how likely these phrases below are:
1) Mangio sempre la pizza_____
2) Tutti i giorni vado al cinema_____
3) Ogni tanto studio_____
4) Perché non andiamo a scuola?_____
5) Vado spesso in piscina_____
6) Vuoi venire al cinema con me?_____
7) Tu vai spesso in Italia_____
8) Che ne dici di prendere un gelato?_____
9) Che ne dici di andare a teatro?_____
10) Raramente vado a scuola_____

Attivitá 3:   **Complete the dialogue**

Lucia: Ciao Maria come stai?
Maria _____ (Great, how are you?)
Lucia: Ti va di andare alla gelateria in centro?
Maria_____ (sure, what time?)
Lucia: Possiamo andare alla gelateria Manzoni, tu vai spesso?
Maria_____(sometimes I go with my family)
Lucia: Benissimo, ci vediamo dopo allora!
Maria:_____ (Fantastic!)
Lucia: Ottimo, a dopo, ciao!
Maria: _____

I verbi modali e i verbi irregolari

Verbi Irregolari

Fare
Io faccio (I do/ make)
Tu fai (you do/make)
Lui/lei fa (he/she does/makes)
Noi facciamo (we do/make)
Voi fate (ye do/make)
Loro fanno (they do/make)

Dire
Io dico (I say)
Tu dici(you sayi)
Lui/Lei dice (he/she says)
Noi diciamo (we say)
voi dite (ye say)
Loro dicono (they say)

Avere
Io ho (I have)
Tu hai (you have)
Lui/Lei ha (he/she has)
Noi abbiamo (we have)
Voi avete (Ye have)
Loro hanno (they have)

Sapere
Io so (I know)
tu sai (you know)
lui/lei sa (he/she knows)
noi sappiamo (we know)
voi sapete (ye know)
loro sanno (they know)

Andare
Io vado(I go)
Tu vai (you go)
Lui/lei va (he/she goes)
Noi andiamo(we go)
Voi andate (ye go)
Loro vanno (they go)

Venire
Io vengo (I come)
tu vieni (you come)
Lui/Lei viene (he/she comes)
Noi veniamo (we come)
voi venite (ye come)
loro vengono (they come)

Esserci
C'é (there is)
Ci sono (there are)

Example: Marco fa una torta -> Marco makes a cake
Loro fanno i compiti -> They do their homework

I verbi modali

Potere

Io Posso (I can)
Tu puoi (you can)
Lui/Lei puó (he/she can)
Noi possiamo (we can)
Voi potete (ye can)
Loro possono (they can)

Volere

Io voglio (I want)
Tu vuoi (you want)
Lui/Lei vuole (he/she wants)
Noi vogliamo (we want)
Voi volete (ye want)
Loro Vogliono (they want)

Dovere
Io devo (I have to)
Tu devi (you have to)
lui/lei deve (he/she has to)
Noi dobbiamo (we have to)
Voi dovete (ye have to)
Loro devono (they have to)

Example: Io posso andare a scuola -> I can go to school
Loro vogliono mangiare il gelato -> They want to eat the icecream
Noi dobbiamo studiare Italiano -> we have to study Italian

Attivitá 1:

Match the Italian with the English

1) Io so suonare il pianoforte
2) Lei viene a scuola sempre tardi
3) Tu sai parlare Italiano?
4) Voi sapete cucinare la pizza?
5) Loro vengono al cinema con noi?
6) Noi sappiamo disegnare
7) Voi venite con noi
8) Lui sa cucinare molto bene! É molto bravo
9) Tu vieni al cinema con lei?
10) Lei sa parlare Spagnolo

A) Can you speak Italian?
B) Are they coming to the cinema with us?
C) Are ye coming with us?
D) Are you coming to the cinema with her?
E) I can play the piano
F) He can cook very well! He is very good!
G) Can ye cook Pizza?
H) We can draw
I) She comes to school always late
L) She can speak spanish

1__, 2__, 3__, 4__, 5__, 6__, 7__, 8__, 9__, 10__

Spot the mistakes and correct them

Io so suono il pianoforte_____
Lei vene a scuola sempre tardi_____
Tu sapa parlare Italiano?_____
Voi sapete cucina la pizza?_____
Loro venono al cinema con noi?_____
Noi sappiamo disegno_____
Voi vengite con noi_____
Lui sapa cucina molto bene! É molto bravo_____
Tu vene al cinema con lei?_____
Lei sapa parla Spagnolo_____

Unscramble the sentences

Pianoforte so io suonare il
_____

Sempre lui tardi scuola viene a
_____

? Parlare tu Italiano sai
_____

Cucinare ? voi pizza la sapete
_____

Con loro al loro cinema noi vengono ?
_____

Sappiamo disegnare noi
_____

Con voi venite noi
_____

Cucinare lui bravo molto molto ! bene é sa
_____

Cinema lei tu al con vieni ?
_____

Attivitá 2:

Match the English and the Italian

1) Posso andare in bagno?
2) Puó studiare italiano piú tardi
3) Noi possiamo uscire con gli amici
4) Loro possono guardare la televisione in camera
5) Lei non puó andare alla festa
6) Marco puó andare al centro commerciale
7) Voi non potete uscire questa sera
8) Puoi venire con noi al parco?
9) Luigi non puó uscire il fine settimana, deve studiare
10) Io posso andare con voi oggi, non domani

A) He can study Italian later
B) She cannot go to the party
C) Ye cannot go out tonight
D) Can I go to the toilet?
E) Can you come with us to the park?
F) Luigi cannot go out on the weekend, he has to study
G) They can watch tele in the room
H) Marco can go to the shopping center
I) I can go with ye today, not tomorrow
L) We can go out with friends

1__ 2__ 3__ 4__ 5__ 6__ 7__ 8__ 9__ 10__

Complete the sentences with the missing word/words

Posso _____ in bagno? (Can I go to the toilet?)
_____ studiare italiano piú tardi (he/she can study Italian later)
Noi _____ _____ con gli amici (we can go out with friends)
Loro _____ guardare la televisione in camera (they can watch the TV in their room)
Lei non _____ andare alla festa (she cannot go to the party)
Marco _____ _____ al centro commerciale (Marco can go to the shopping centre)

Voi non _____ _____ questa sera (ye cannot go out tonight)

_____ venire con noi al parco? (Can you come to the park with us?)

Luigi non _____ uscire il fine settimana, _____ studiare (Luigi cannot go out on the weekend, he has to study)

Io _____ _____ con voi oggi, non domani (I **can go out** with ye today, not tomorrow)

Spot the mistakes and correct them

Potere andare in bagno?_____
Poti studiare italiano piú tardi_____
Noi potiamo uscire con gli amici_____
Loro possono guardano la televisione in camera_____
Lei non puó va alla festa_____
Marco pote anda al centro commerciale_____
Voi non potite usco questa sera_____
poti viene con noi al parco?_____
Luigi non possa uscire il fine settimana, dovo studiare_____
Io potere andare con voi oggi, non domani_____

Attivitá 3: **Match the English with the Italian**

1)Devo studiare, non posso!
2)Tu devi fare i compiti oggi!
3)Noi dobbiamo scrivere una lettera
4)Loro devono andare al supermercato
5)Dovete parlare con il preside
6)Devono riordinare la camera
7)Marco deve mangiare piú frutta!
8)Devi arrivare a scuola in orario!
9)Non dovete parlare inglese durante la classe di Italiano
10)Luisa deve andare in bagno

A)Ye have to speak to the Principal
B)They have to go to the supermarket
C)You have to arrive in school on time!
D)I have to study, I can't!
E)Marco has to eat more fruit!
F)You do not have to speak English during the Italian class
G)You have to do your homework today!
H)They have to tidy up their room

I)Luisa has to go to the toilet
L)We have to write a letter

1__2__3__4__5__6__7__8__9__10__

Spot the mistakes and correct them
Dovo studiare, non potere!_____
Tu dovere faccio i compiti oggi!_____
Noi dobbiamo scrivere una lettera_____
Loro dovono vado al supermercato_____
Voi devete parlare con il preside_____
Devono riordinano la camera_____
Marco deve mangia piú frutta!_____
Tu dovi arriva a scuola in orario!_____
Voi non devi parlare inglese durante la classe di Italiano_____
Luisa dove va in bagno_____

Unscramble the sentences
_____
Studiare non ! devo posso

_____
! i fare tu compiti oggi devi

_____
Lettera noi scrivere una dobbiamo

_____
Al andare loro devono supermercato

_____
Preside con il parlare dovete

_____
Camera la devono riordinare

_____
! frutta piú Marco mangiare deve

_____
In scuola arrivare a orario devi !

_____
Italiano non parlare inglese dovete classe la durante di

_____
Bagno deve in Luisa andare

_____

| Attivitá 4: | *Match the English with the Italian* |

1)Loro vogliono mangiare cibo Italiano
2)Tu vuoi andare al cinema?
3)Lei vuole uscire con gli amici ma non puó!
4)Io voglio mangiare
5)Noi vogliamo disegnare
6)Voi volete andare al parco?
7)Luisa non vuole uscire oggi
8)Marco vuole uscire con Luisa
9)Loro vogliono giocare a calcio
10)Voi volete prendere un gelato

A)I want to eat
B)They want to eat Italian food
C)Do ye want to go to the park?
D)Do you want to go to the cinema?
E)They want to play soccer
F)Marco wants to go out with Luisa
G)Ye want to get an icecream
H)Luisa does not want to go out today
I)We want to draw
L)She wants to go out with her friends

1__ 2__ 3__ 4__ 5___ 6__ 7__ 8__ 9__ 10__

Unscramble the sentences

1)_____
Cibo loro mangiare Italiano vogliono
2)_____
Al andare tu cinema vuoi ?
3)_____
Amici con gli Lei puó vuole ma non uscire !
4)_____
Mangiare io voglio
5)_____
Disegnare vogliamo noi
6)_____
Parco al ? voi andare volete
7)_____

Vuole non Luisa oggi uscire
8)_____
Con Marco Luisa Uscire Vuole
9)_____
Vogliono a calcio giocare loro
10)_____
Un prendere volete gelato voi

Spot the mistakes

1) Io voglio mangio_____
2) Voi vole andare al parco?_____
3) Noi vogliamo disegnamo_____
4) Loro vogliono mangiano cibo Italiano_____
5) Lei vole uscire con gli amici ma non puó!_____
6) Tu vogli andare al cinema_____
7) Voi volete prendo un gelato_____
8) Loro vogliono gioco a calcio_____
9) Marco vuole usco con Luisa_____
10) Luisa non vole uscire oggi_____

Complete the sentences with the missing word

1) Io_____ (I want want) andare al parco oggi, _____ (can you) venire?
2) Tu puoi_____ (to go) al cinema con me?
3) Lei _____ (has to) _____ (to study) oggi pomeriggio
4) Noi_____ (we want)_____ (to go) al cinema
5) Voi_____ (ye can) _____ (to write) una lettera
6) Loro vogliono_____ (to go) al parco con gli amici
7) Marco non _____ (he cannot) uscire con gli amici oggi
8) Io _____(I can) _____(to go) in Italia con la mia famiglia
9) Voi _____ (ye have to)_____(to do) your homework

10) Tu_____ (you can - skills) _____ (play) la chitarra.

Choose the correct option

1) Io **voglio/vuoi/vuole** andare al cinema
2) Tu **posso/puó/ puoi** uscire con noi
3) Lei deve **faccio/fa/fare** i compiti
4) Noi d**evo/dobbiamo/deve** parlare con il preside
5) Loro possono **vado/vanno/andare** al parco
6) Marco vuole **mangio/mangiare/mangia** con gli amici oggi
7) Luisa non puó **va/vado/andare** a scuola oggi
8) Loro non sanno **cucino/cucinano/cucinare** la pizza
9) Posso **vado/andare/va** al bagno?
10) Marta deve **fa/faccio/fare** un progetto per la classe di Italiano

I verbi irregolari (parte 2)

Stare = to stay
Io sto (I stay)
Tu stai (you stay)
Lui/lei sta (he/she stays)
Noi stiamo (we stay)
Voi state (ye stay)
Loro stanno (they stay)

Uscire= to go out
Io esco (I go out)
tu esci (you go out)
Lui/Lei esce (He/she goes out)
Noi usciamo (we go out)
voi uscite (ye go out)
Loro escono (they go out)

Salire= to go up/climb
Io salgo
(I go up/climb)
Tu sali
(you go up/climb)
Lui/lei sale
(he/she goes up/climbs)
Noi saliamo
(we go up/climb)
Voi salite
(ye go up/climb)
Loro salgono
(they go up/climb)

Example: Marco sta a casa -> Marco stays at home
Loro escono da scuola -> They leave/go out school
Noi saliamo le scale-> we go up the stairs

Match the Italian with the English

Attivitá 1:

1) Io esco con gli amici   A) She leaves school late
2) Lei esce da scuola tardi   B) We go out with Marta tomorrow
3) Tu sali le scale   C) Ye are going up to the second floor
4) A che ora uscite voi?   D) I go out with my friends
5) Loro stanno a casa tutto il fine settimana   E) You stay in bed
6) Noi usciamo con Marta domani   F) She goes out with her family.
7) Voi salite al secondo piano   G) At what time do ye get out?
8) Lui esce sempre tardi   h) He always leaves late
9) Tu stai a letto   i) You go up the stairs
10_ Lei esce con la sua famiglia L) They stay at home the whole weekend
1__ 2__ 3__ 4__ 5__ 6__ 7__ 8__ 9__

Spot the mistakes

Lei usce da scuola tardi
Tu sto a letto
Voi salo al secondo piano
Io usco con gli amici
Tu stari a letto
Noi esciamo con Marta domani
A che ora uscire voi?
Lei usce con la sua famiglia
Tu salire le scale
Lei esci da scuola tardi

Unscramble the sentences

gli / amici / esco / con / Io - I go out with friends
_____

Noi / domani / con / usciamo / Marta - we go out with Marta tomorrow
_____

scuola / esce / da / tardi / Lei - She leaves school late
_____

sua / esce / Lei / la / con / famiglia - She goes out with her family
_____

salite / al / piano / secondo / Voi - ye go up to the second floor
_____

voi? / ora / A / che / uscite - At what time do ye go out?
_____

Loro / il / settimana / casa / fine / stanno / a / tutto - They stay at home the whole weekend
_____

letto / stai / Tu / a - you stay in bed
_____

tardi / sempre / esce / Lui - he always leaves late

Complete the sentences with the missing word/words

Io _____ a casa tutto il giorno (I stay at home all day)
Noi _____ con gli amici (we go out with friends)
Tu _____ al secondo piano (you go up to the second floor)
Loro _____ da scuola tardi (the leave school late)
Lei non _____ esce oggi (she does not go out today)

Marco _____ esce con gli amici domani (Marco goes out with friends tomorrow)

Tu _____ sempre presto (you always go out early)

A che ora _____ domani? (at what time do you go out tomorrow?)

Luigi _____ le scale (Luigi goes up the stairs)

Io non _____ oggi, mi dispiace, devo studiare. (I can't go out y today, I am sorry, I have to study)

Choose the correct option

1. Io **esco/usco/usciro** con gli amici
2. Tu **sto/stanno/stai** a casa oggi
3. Noi **salire/salite/saliamo** al terzo piano
4. Loro **state/stanno/sto** mangiando al ristorante.
5. Maria **usce/usco/esce** con gli amici tutti i fine settimana.
6. Voi **salire/sale/salite** sull'autobus
7. Luisa non puó **stare/sta/sto** a scuola oggi
8. Tu **sale/salgo/sali** sul treno.
9. (voi) **usciamo/escono/uscite** con noi?
10. Io **salo/saliro/salgo** al primo piano, vieni con me?

La scuola

Attivitá 1: *Read the text below*

Ciao, mi chiamo Martina, vado a scuola al Liceo scientifico di Milano. Studio molte materie tra cui, Italiano, matematica, fisica, chimica, biologia, Inglese e filosofia.
Mi piace molto la mia scuola ma alcune materie sono difficili.
Matematica è molto difficile perché non mi piacciono molto i numeri, mi piace Italiano ma la professoressa è un po' noiosa. Latino non è male, non sono molto brava ma va bene.
Fisica e chimica sono molto facili per me e sono molto brava.

Find the meaning of:
1) Liceo_____
2) materie_____
3) difficili_____
4) noiosa_____
5) non é male_____
6) facili_____
7) sono molto brava_____

Find the opposites of:
1) difficile_____
2) noioso_____
3) facile_____

Add the missing letters in the following words:
1) Ita_i_no (Italian)
2) _isi_a (physics)
3) biolog_a (biology)
4) f_lo_of_ a (philosophy)
5) c_imic_ (chemistry)
6) ing_es_ (English)

Write below the subjects Martina studies and group them according to the categories:

Materie che le piacciono

Materie che non le piacciono

Unscramble the sentences:
1) materie studio molte_____
I study a lot of subjects

2) piace la mi molto mia scuola
_____
I really like my school

3) difficile molto é matematica
_____
Maths is very difficult

4) molto sono brava non
_____
I am not very good at it

5) facili me per Fisica sono e chimica molto
_____
Physics and chemistry are very easy for me

Organise the adjectives in the text (attivitá 1):

Aggettivi maschili:

Aggettivi femminili:

| Attivitá 2: | *Match the English with the Italian* |

1. Nel mio astuccio ci sono due matite, una penna rossa e una penna nera.
2. Mia sorella è molto brava in italiano e in letteratura.
3. Frequento la scuola superiore.
4. La mia materia preferita è chimica, perché è molto interessante.
5. Quante lezioni hai al mattino?
6. Al mattino ho tre lezioni: inglese, storia e biologia.
7. Nella mia scuola ci sono la palestra, il laboratorio di chimica e la biblioteca.
8. Non sopporto il professore di francese, è molto severo.
9. Mi piace molto la mia scuola perché è grande e moderna.
10. Non sopporto geografia, perché è noiosa.

a. In the morning I have three classes: English, history and biology.
b. I like my school a lot because it is big and modern.
c. My favourite subject is chemistry, because it's very interesting.
d. In my pencil case there are two pencils, a red pen and a black pen.
e. I can't stand the French teacher, he is very strict.
f. In my school there are the gym, the chemistry lab and the library.
g. My sister is very good at Italian and literature.
h. I can't stand geography, because it is boring.
i. I attend secondary school.
j. How many classes do you have in the morning?

1__ 2__ 3__ 4__ 5__ 6__ 7__ 8__ 9__ 10__

Write the opposites of the following sentences:

Mia sorella è molto brava in italiano e in letteratura.
_____

La mia materia preferita è chimica, perché è molto interessante
_____

Non sopporto il professore di francese, è molto severo.
_____

Mi piace molto la mia scuola perché è grande e moderna.
_____

Unscramble the sentences:

1) preferita perché la interessante mia molto é é storia materia.
_____
My favourite subject is history because it is very interesting

2) Inglese, storia biologia e tre ho mattino al lezioni.
_____
In the morning I have three classes: English, history and biology

3) superiore scuola frequento la
_____
I attend secondary school

4) gomma, e matite due colori astuccio mio nel sono ci i una.
_____
In my pencil case there are two pencils, a rubber and colours.

5) Mattino lezioni quante al hai?
_____
How many classes do you have in the morning?

Definizioni:

1) Si studiano le date e i personaggi storici
_____

2) la scuola dove si va tra i 14 e 19 anni in italia
_____

3) si mettono le penne, le matite ed il materiale per scrivere
_____

4) la lingua che si parla in Inghilterra, America e Irlanda
_____

Astuccio/ Inglese/ storia/ Liceo

Complete the words with the missing letters
1) Pe_ _ a
Pen

2) _ atit_
Pencil

3) As_ _ _cio
Pencil case

4) Bio_ _ _ ia
Biology

5) Ital_ _ _ o
Italian

Attivitá 3:

Match the English with the Italian

1. L'aula di francese si trova di fronte alla mensa.
2. Vado molto bene a scuola.
3. Devo fare molti compiti per domani.
4. Quali materie studi a scuola?
5. Alcuni insegnanti della mia scuola sono proprio antipatici.
6. Generalmente, studio tutti i pomeriggi.
7. In Irlanda, gli studenti non vanno a scuola il sabato.
8. Nelle scuole italiane, non ci sono lezioni nel pomeriggio.
9. Gli studenti irlandesi indossano l'uniforme.

a. In Italian schools, there aren't any lessons in the afternoon.
b. In Ireland, students don't go to school on Saturdays.
c. Some teachers in my school are very unpleasant.
d. Generally, I study every afternoon
e. I have to do a lot of homework for tomorrow.
f. I am very good at school.
g. The French classroom is located in front of the canteen.
h. Irish students wear a uniform.
i. What subjects do you study at school?

1__ 2__ 3__ 4__ 5__ 6__ 7__ 8__ 9__ 10__

The following sentences have one or two mistkes, correct them.

1) L'aula di francese si trova di fronte in la mensa. _____
2) Quale materie studi a scuola?_____
3) Nelle scuole italiane, non c'é lezioni nel pomeriggio._____
4) Gli studenti irlandesi indossano uniforme_____
5) vada molto bene a scuola_____

Probabile o improbabile?

1) L'aula di musica si trova nella mensa.
_____

2) Non devo mai fare i compiti
_____

3) nelle scuole Italiane ci sono lezioni nel pomeriggio_____

4) Gli studenti Italiani indossano l'uniforme_____

5) Generalmente studio tutte le notti_____

Attivitá 4: *Read the Italian text and the translation in English. Something is missing in the Italian text, fill in the blanks with the missing Italian word*

- Vai bene a _____ ?
- Sì, sono molto _____ . E tu?
- Di solito _____ tutti i _____ . Ad esempio, oggi devo ripassare la _____ di storia per un _____ molto importante.
- In bocca al lupo! Io non _____ la storia, secondo me è noiosa, devi ricordare tutte quelle date...
- A me invece non piace la _____ !
- Davvero? Il tuo _____ è molto _____ ?
- Sì! È antipatico, e poi assegna troppi _____ ... Preferisco la _____ di inglese, lei è molto simpatica!

_____

Are you doing well at school?
Yes I am very good at school. And you?
I usually study every afternoon. For example, today I have to revise the history class for a very important test.
Good luck! I can't stand history, I find it boring, you have to remember all those dates...
I can't stand geography instead!
Really? Is your teacher very strict?
Yes! He is unpleasant, and he also gives us too much homework... I prefer the English teacher, she's very nice!

Put the Italian text in the correct order (enter the numbers in the spaces provided). You can follow the English translation to help you out.

My name is Sara, I am fifteen years old and I attend the liceo scientifico. I am very good at maths and biology. I really like maths because I am good with numbers. I can't stand latin and art. Art is boring, and latin is difficult. The latin teacher is very strict!
My school is a bit old, but I like it a lot. There are many classrooms, a gym and a chemistry lab. The gym is not very big. My classmates are very nice and kind. Sometimes in the afternoon we study together for the tests.

_____ Al pomeriggio qualche volta studiamo insieme per i compiti in classe.
_____ La mia scuola è un po' vecchia, ma mi piace molto.
_____ Sono molto brava in matematica e biologia. La matematica mi piace molto perché sono brava con i numeri.
_____ Ci sono molte classi, una palestra e un laboratorio di chimica.
_____ Mi chiamo Sara, ho quindici anni e frequento il liceo scientifico.
_____ I miei compagni di classe sono molto simpatici e gentili.
_____ La palestra non è molto grande.
_____ Non sopporto latino e arte. Arte è noiosa, e latino è difficile. Il professore di latino è molto severo!

Read the texts below

Nel mio zaino ci sono molti libri, i quaderni, l'astuccio, il pranzo, una bottiglia di acqua, il tablet ed il cellulare.
Marco.

Nel mio zaino c'è il tablet, l'astuccio e ci sono i quaderni. C'è anche il pranzo ma non c'è il cellulare, è vietato a scuola!
Luisa

Find who has_____ in their bags:

1) books_____
2) copybooks_____
3) pencil case_____
4) water_____
5) tablet_____
6) lunch_____

Definizioni:

1) si legge in classe o a casa _____
2) si fanno i compiti _____
3) si mangia a scuola _____
4) si usa se non hai i libri di carta _____
5) si porta a scuola _____

Fill in the blanks in the sentences (you have some clues in English)

1) Nelle scuole italiane, gli studenti non indossano l' _____ .
                                                               Uniform

2) Nell'anno di transizione puoi _____ tante cose e fare esperienze lavorative!
                                                 Learn

3) Ogni anno la _____ organizza una recita e un mercatino .
                        School

4) Oggi, a _____ , abbiamo fatto tanti esercizi di Italiano!
                 class

5) I miei _____ _____ _____ sono molto divertenti!
                            Classmates

6) Il mio _____ è troppo pesante, perché dentro ci sono troppi libri.
             Schoolbag

7) Oggi facciamo lezione di educazione fisica nella _____ .
                                                                Gym

8) Il compito di fisica era molto _____ !
                                     Easy

9) Nella mia _____ di geografia , siamo in ventisette.
                 Classroom

Organise the vocabulary in the sentences above according to the different categories:

Materie: verbi: Preposizioni articolate

Attivitá 5:   *Read the text and circle the correct option:*

Nella/nello/nei mia scuola, **ci sono/c'è** molte classi.
C'é/ci sono la classe di Italiano, **c'é/ci sono** il laboratorio linguistico, **c'é/ci sono** il laboratorio di scienze, **c'é/ci sono** la classe di musica, **c'é/ci sono** la classe di economia domestica. **C'é/ci sono** anche la biblioteca, **alla/all'/alle** entrata della scuola **c'é/ci sono** la segreteria, *a destra* (a) **c'é/ci sono** la presidenza. *A sinistra (b)*, **c'é/ci sono** gli uffici.
Mi piace molto la mia scuola perché *davanti (c)* **c'é/ci sono** un campo sportivo molto grande. *Dietro (d)* la scuola **c'é/ci sono** anche una palestra, adoro fare educazione fisica perché sono molto sportivo.

Write the meanings of the UNDERLINED words/expressions:

A_____
B_____
C_____
D_____

Write the meaning of the following words/expressions:
1) classi_____
2) Italiano_____
3) laboratorio_____
4) scienze_____
5) musica_____
6) Economia domestica_____
7) segreteria_____
8) biblioteca_____
9) uffici_____

Focus:

C'é = There is
Ci sono = There are

Example: C'é un libro
Vs.
Ci sono due libri.

Read the text again and say if the statements below are True or False (Vero o Falso)

a)   Nella scuola ci sono due laboratori linguistici
               _____

b)   Nella scuola non c'è una classe di economia domestica
               _____

c)   Dietro la scuola c'è un campo sportivo
               _____

d)   Davanti la scuola c'è una palestra.
               _____

Attivitá 6:   *Compare both texts below and circle and number the differences*

a) Nella mia scuola ci sono molte strutture. Ci sono moltissime classi normali ma ci sono anche classi speciali. Per esempio, c'è il laboratorio di scienze dove possiamo fare molti esperimenti, c'è l'aula di musica dove posso suonare e cantare. C'è anche la classe per la lavorazione del legno e la classe di scienze naturali. Abbiamo anche una bella mensa dove possiamo mangiare il pranzo e parlare con gli amici durante la pausa. Abbiamo anche una palestra molto piccola con tutte le macchine per gli esercizi. Mi piace molto la mia scuola, è molto piccola e vecchia ma i professori sono molto simpatici e non sono severi.

b) Nella mia scuola ci sono molte strutture. Ci sono moltissime classi normali ma ci sono anche classi speciali. Per esempio, c'è il laboratorio di informatica dove possiamo usare i computer, c'è l'aula di economia domestica dove possiamo cucinare. C'è anche la classe di Italiano con molti poster e bandiere ed il laboratorio di arte. Abbiamo anche una bella mensa dove possiamo mangiare il pranzo e parlare con gli amici durante la ricreazione.
Abbiamo anche una palestra molto grande con qualche macchina per gli esercizi e un campo da tennis. Mi piace molto la mia scuola perché è molto grande, moderna e i professori sono molto simpatici e non sono severi.

Find which school (indicate which text)
1) has a science lab_____
2) has computers_____
3) has the home ec room_____
4) has the music room_____
5) has the natural science room_____
6) has the art lab_____
7) a canteen_____
8) has a lot of machines in the gym_____
9) has a tennirs court in the gym_____
10) is old_____

| Attivitá 7: | *Have a look at the map and write a descrition of this school* |

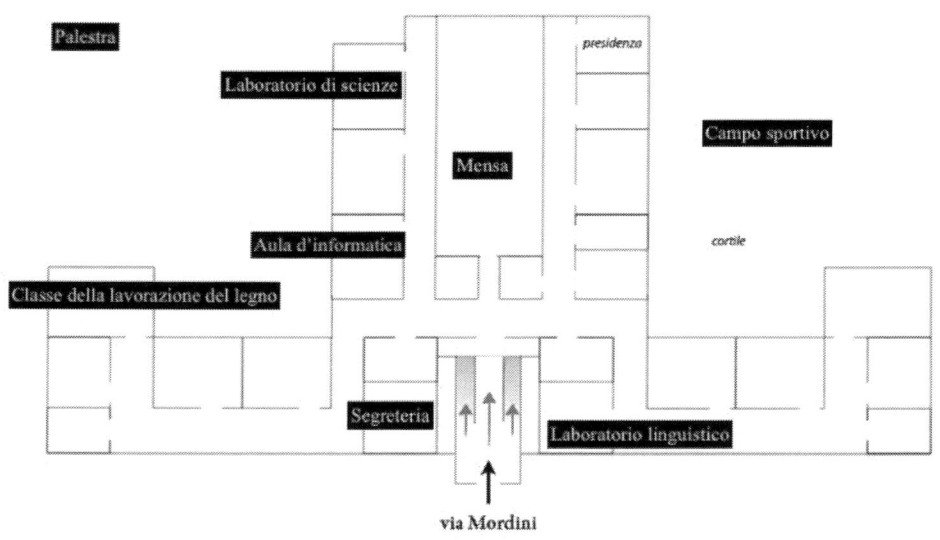

Palestra
Laboratorio di scienze
presidenza
Mensa
Campo sportivo
Aula d'informatica
cortile
Classe della lavorazione del legno
Segreteria
Laboratorio linguistico
via Mordini

Positivo o negativo?

Mi piace perché...

a. Le lezioni sono avvincenti   (Positivo)

b. Il professore spiega bene_____

c. Il professore non dà troppi compiti _____

d. Le lezioni sono lunghe e noiose_____

e. Non impariamo granché_____

f. Il professore é sempre di mal umore _____

g. La materia é arida_____

h. Mi annoio in classe_____

i. Usiamo sempre l'iPad_____

j. Imparo molto nelle lezioni_____

k. É una perdita di tempo_____

l. Non capisco niente_____

m. Prendo brutti voti_____

n. Il professore grida troppo_____

Complete the translations:

a. Very good = O_ _ _ _ _
b. Grades = V_ _ _
c. Boring = N_ _ _ _ _
d. Canteen = M_ _ _ _
e. Headteacher = P_ _ _ _ _ _
f. To explain = S_ _ _ _ _ _ _
g. To teach = I_ _ _ _ _ _ _ _
h. To learn = I_ _ _ _ _ _ _
i. To study = S_ _ _ _ _ _ _

Scriviamo Insieme: Write a description by using and expanding on the prompts

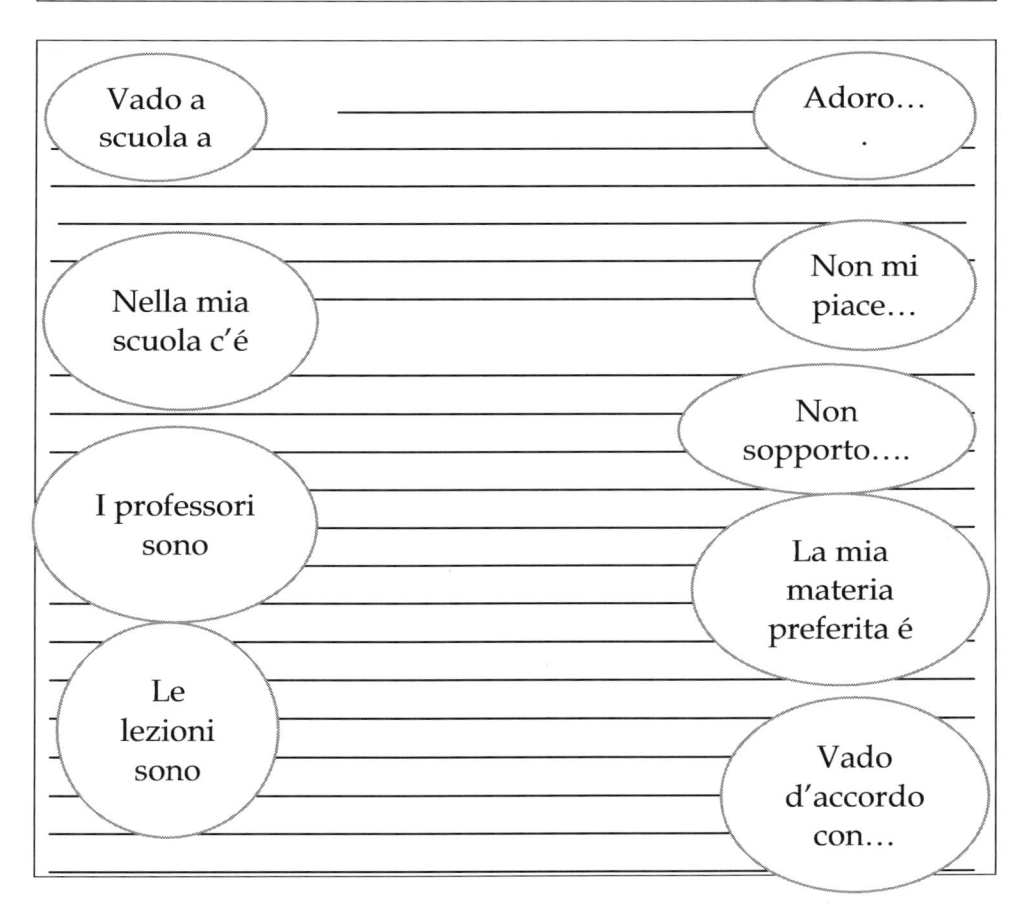

- Vado a scuola a
- Adoro… .
- Nella mia scuola c'é
- Non mi piace…
- Non sopporto….
- I professori sono
- La mia materia preferita é
- Le lezioni sono
- Vado d'accordo con…

I lavori

Attivitá 1: *Read the text below and compare it to text B.*

A) Mio padre fa il meccanico, lavora in un'officina in centro. É un lavoro molto duro, gli piace il suo lavoro.
Mia madre fa l'infermiera, lavora in un ospedale in centro cittá, é un lavoro molto difficile e lei é sempre occupata.
Mio fratello é banchiere, lavora in una banca in un'altra cittá, mia sorella é insegnante e lavora con i bambini, adora il suo lavoro!
Io voglio diventare medico.
Luigi

b) Mio padre fa il professore, lavora in una scuola in centro. É un lavoro molto piacevole, gli piace il suo lavoro.
Mia madre fa la segretaria, lavora in un ufficio in centro cittá, é un lavoro molto impegnativo e lei é sempre occupata.
Mio fratello é barista, lavora in un bar in un'altra cittá, mia sorella é farmacista e lavora in una farmacia piccola, adora il suo lavoro!
Io voglio diventare cuoca.
Marika

Complete the words:
1) infer_ _ era (nurse)
2) _ _ ccanic_ (mechanic)
3) pro_ e_ _ ore (teacher)
3) _ nse_ _ ante (teacher)
4) _ e _r_ t _r _ a (secretary)
5) ban_ _ ier_ (banker)

Focus: Fare
Fare is an irregular verb. Therefore you need to learn it off.

	FARE
Io	Faccio
tu	Fai
Lui/Lei	Fa
Noi	Facciamo
Voi	Fate
Loro	Fanno

Complete the sentences:

1) _____ padre _____ il meccanico
My father is a mechanic

2) _____ madre _____ la segretaria
My mother is a secretary

3) É un _____ molto _____
It is a very pleasant job

4) _____ in un _____ in centro cittá
She works in an office in the city centre.

5) io_____ _____ medico
I want to become a doctor

Compare the texts A and B and answer the questions:

1) Whose father is a mechanic?_____
2) Whose mother is a secretary?_____
Whose sister is a teacher?_____
3) Whose brother is banker?_____
4) Who wants to become a cook?_____

What do they mean?
1) Lavoro_____
2) Mia madre fa l'infermiera_____
3) difficile_____
4) Gli piace_____
5) occupata_____
6) lavora_____
7) Adora_____
8) voglio diventare_____

Split sentences: match the two parts (multiple options are possible)

Mia madre fa	medico
Mio padre é	La segretaria
adora	insegnante
Voglio diventare	Il suo lavoro

Match the English with the Italian:

Attivitá 2:

1) Mio padre fa il meccanico, lavora in un officina in centro.
2) É un lavoro molto piacevole, gli piace il suo lavoro.
3) é un lavoro molto impegnativo e lei é sempre occupata.
4) Mio fratello é banchiere, lavora in una banca in un'altra cittá
5) Mia madre fa l'infermiera, lavora in un ospedale in centro cittá
6) é farmacista e lavora in una farmacia piccola
7) lavora con i bambini, adora il suo lavoro!
8) Io voglio diventare medico

a) It is a very demanding job, she is always busy
b) My mother is a nurse, she works in a hospital in the city centre.
c) My father is a mechanic, he works in a garage in the centre.
d) She is a pharmacist, she works in a small pharmacy.
e) She works with children she adores her job!
f) It is a very pleasant job, he likes his job.
g) I want to become a doctor.
h) My brother is a banker, he works in a bank in another city

1__ 2__ 3__ 4__ 5__ 6__ 7__ 8__

Unscramble the sentences:

1) padre meccanico il fa , officina centro lavora un' in mio
_____
My father is a mechanic, he works in a garage.

2) Piacevole lavoro un molto é
_____
It is a very pleasant job.

3) duro molto lavoro é un
_____
It is a very hard job

4) diventare voglio io cuoca
_____
I want to become a cook

5) Bambini adora suo i con lavora suo il lavoro ,
_____
She works with children she loves her job.

Match the jobs with the action verbs:

1) Dottore   a) lavorare
2) Insegnante   b) curare
3) Farmacista   c) insegnare
4) meccanico   d) vendere
5) professore   e) aggiustare
6) lavoro   f) correggere

1__ 2__ 3__ 4__ 5__ 6__

Now match the previous jobs with the places:

Officina_____ scuola_____
Fabbrica_____ clinica_____
Farmacia_____

Translate the jobs:

commesso/a_____
tassista_____
Giocatore di calcio_____
cameriere_____
Operaio_____
veterinario_____

Attivitá 3: *Your teacher will read a text (or you can read the full text below and try to memorise it) fill in the blanks with the words you hear:*

Mio padre _____ il _____, lavora in una clinica in centro. É un lavoro molto _____ ma adora gli_____.
Mia madre _____ la segretaria, _____ in un ufficio in periferia, ____ un lavoro molto _____ e lei ___ sempre occupata.
_____ fratello é un _____, _____ in un negozio in un'altra _____, mia sorella é _____ e lavora con i bambini, _____ il suo _____!
Io _____ diventare _____.
Luigi

Mio padre fa il veterinario, lavora in una clinica in centro. É un lavoro molto difficile ma adora gli animali.
Mia madre fa la segretaria, lavora in un ufficio in periferia, é un lavoro molto duro e lei é sempre occupata.
Mio fratello é un commesso, lavora in un negozio in un'altra _____, mia sorella é insegnante e lavora con i bambini, ama il suo lavoro
Io voglio diventare un pilota!
Luigi

Your teacher will read one of the texts below, compare it with the other text below and circle the differences:

Mio padre fa l'avvocato, lavora in uno studio in centro. É un lavoro molto stressante ma gli piace il suo lavoro.
Mia madre fa la commessa, lavora in un centro commerciale in centro cittá, é un lavoro molto impegnativo e lei é sempre sotto pressione.
Mio fratello é insegnante, lavora in una scuola in centro, mia sorella é infermiera e lavora in una clinica privata, adora il suo lavoro!
Io voglio diventare veterinario
Marika

Mio padre fa il professore, lavora in una scuola in centro. É un lavoro molto piacevole, gli piace il suo lavoro.
Mia madre fa la segretaria, lavora in un ufficio in centro cittá, é un lavoro molto impegnativo e lei é sempre occupata.
Mio fratello é barista, lavora in un bar in un'altra cittá, mia sorella é farmacista e lavora in una farmacia piccola, adora il suo lavoro!
Io voglio diventare cuoca.
Marika

Guess the job:

Lavoro in....	**Faccio......**	**Lavoro in....**	**Faccio....**
Una clinica		Un negozio	
Una banca		ospedale	
In una scuola		Una scuola piccola	
In un ristorante		officina	

Le direzioni e la cittá

Attivitá 1:

Read the text and do the following activities

a)
-Scusi?
-Si, buongiorno.
-Come si va al Colosseo?
-È semplice, devi andare sempre dritto e poi girare a destra, è in fondo alla strada.
-Grazie mille!

b)
-Scusi, vorrei un'informazione
-Si, certo.
-Come si va al centro commerciale?
-È semplice, devi andare a sinistra e poi devi prendere la prima a sinistra.
-Grazie mille!

c)
-Scusi, come si va alla libreria?
-è molto semplice,
devi andare a sinistra, girare a destra e prendere la seconda a sinistra.
-Grazie mille!

d)
Scusi come posso andare al supermercato?
-devi prendere la seconda a destra ed è in fondo alla strada.
-Grazie mille!

Who wants to go to the bookshop?
_____

Who wants to go to the shopping centre?
_____

Who wants to go to the Colosseum?
_____

Who wants to go to the supermarket?
_____

Who has to turn left, then right and take the second on the left?
_____

Who has to go straight and then turn right?

_____

Find the Italian for:

It is easy_____

Excuse me_____

How do I go _____

How can I go_____

At the end of_____

Left_____

Right_____

Straight_____

You have to go_____

You have to take_____

To turn_____

Complete the words/expressions:

1) a_d_ _e (to go)

2) _in_str_ (left)

3) se_p_e dr_t_o (straight on)

4) la _ec_nd_ a de_tr_   (the second on the right)

5) s_mpl_c_ (easy)

6) sc_s_   (excuse me)

7) g_ra_ _ (to turn)

8) in f_nd_ a (at the bottom of)

9) ar_iv_r_ (to attive)

10) la pr_ _a (the first)

Complete the sentences with the expressions: Semplice/ fondo/ Girare/si va/la prima

1) devi_____a destra

2) è _____

3) Come ___ _____
Al museo?

4) devi prendere___ _____ a destra

5) è in_____alla strada

Match the translations with the Italian

a) Scusi
b) Come si arriva all'ufficio turistico?
c) Sempre dritto
d) Devi prendere
e) La seconda a sinistra
f) Devi andare
g) É in fondo alla strada
h) Vorrei andare al supermercato
i) La prima a destra

1) The first on the right
2) You have to go
3) How do I get to the tourist office?
4) It's at the end of the street
5) I would like to go to the supermarket
6) The second on the left
7) You have to take

8) Excuse me
9) Straight on

A__ B__ C__ D__ E__ F__ G__ H__ I__

Attivitá 2:   *Match the translations with the Italian*

L'Edicola	The cinema
Il centro commerciale	The bakery
Il cinema	The church
Il supermercato	The gym
La piazza	The newsagent
La panetteria	The bank
La macelleria	The square
La banca	The tourist office
La chiesa	The shopping centre
L'ufficio turistico	The butchery
Il museo	The supermarket
La palestra	The museum

Complete the words:
1) La c_ie_a
2) l'Uf_ _c_ o   t_r_st_ _o
3) La p_az_a
4) L' edi_ola
5) la pa_e_ _er_a
6) Il m_s_o
7) il c_ntr_ c_mm_r_ia_e
9) la b_nc_
10) La ma_e_ _er_a

Definizioni: write the shop next to the definition

1) Si compra il pane_____
2) si chiedono informazioni turistiche_____
3) si compra la carne_____
4) si prega_____
5) si fa sport_____
6) si compra il cibo_____
7) si vedono gli amici_____
8) si vede un film_____
9) si comprano i giornali e le riviste_____

Attivitá 3: Fill in the blanks with the correct word (you have some help in English)

1) Devi andare_____
   Straight on

2) La chiesa non é _____
   Far

3) Devi _____ a destra
   Turn

4) Come _____ al cinema?
   Does one arrive

5) La palestra é_____
   Near

6) La banca é _____
   At the end of the road

7) Scusi, _____ _____ arrivare all'ufficio turistico?
   How   can I

8) Devi andare sempre dritto e poi, devi _____ a
                                                          Turn

   _____
       right

9) La _____ é ____ _____ ____ _____
         School   at   the end of the   street

10) Il museo é nella _____ principale
                          Square

Attivitá 4: *Listen to the text (or read the full text on the next page and try to memorise it) and write the missing words.*

Io abito in una _____ piccola, nella mia cittá ci sono molti _____, molti bar e _____ e qualche centro _____. La mia scuola é **abbastanza (a)** grande, a _____ della scuola c'é un piccolo _____, dove andiamo a comprare il cibo. Non _____ dalla scuola, c'é una piazza, nel _____ della piazza c'é una **statua (b)** molto grande e _____ ci sono molte **panchine (c)**.
A _____ della piazza c'é una **pasticceria(d)**, una _____ ed un **fioraio (e)**. A _____ della piazza c'é una **gioielleria (f)**, un negozio di _____ ed un ristorante _____. Nella mia cittá ci sono anche alcune _____, tre supermercati e un _____ sportivo con campi di _____, di tennis, di rugby. C'é anche una _____ molto grande. Nella mia cittá c'é un **ponte (g)** molto antico, **affianco (h)** al ponte c'é anche un museo.

Write the meaning of the highlighted words:

a_____, b_____, c_____,
d_____ e_____ f_____
g_____ h_____

Now check the completed text:

Io abito in una cittá piccola, nella mia città ci sono molti negozi, molti bar e ristoranti e qualche centro sportivo. La mia scuola é abbastanza grande, a destra della scuola c'é un piccolo supermercato, dove andiamo a comprare il cibo. Non lontano dalla scuola, c'é una piazza, nel centro della piazza c'é una statua molto grande e intorno ci sono molte panchine.
A sinistra della piazza c'é una pasticceria, una panetteria ed un fioraio. A destra della piazza c'é una gioielleria, un negozio di telefoni ed un ristorante piccolo. Nella mia città ci sono anche alcune farmacie, tre supermercati e un centro sportivo con campi di calcio, di tennis, di rugby. C'é anche una piscina molto grande. Nella mia cittá c'é un ponte molto antico, affianco al ponte c'é anche un museo.

Read the text a few times, then cover it and put the text in the correct order:

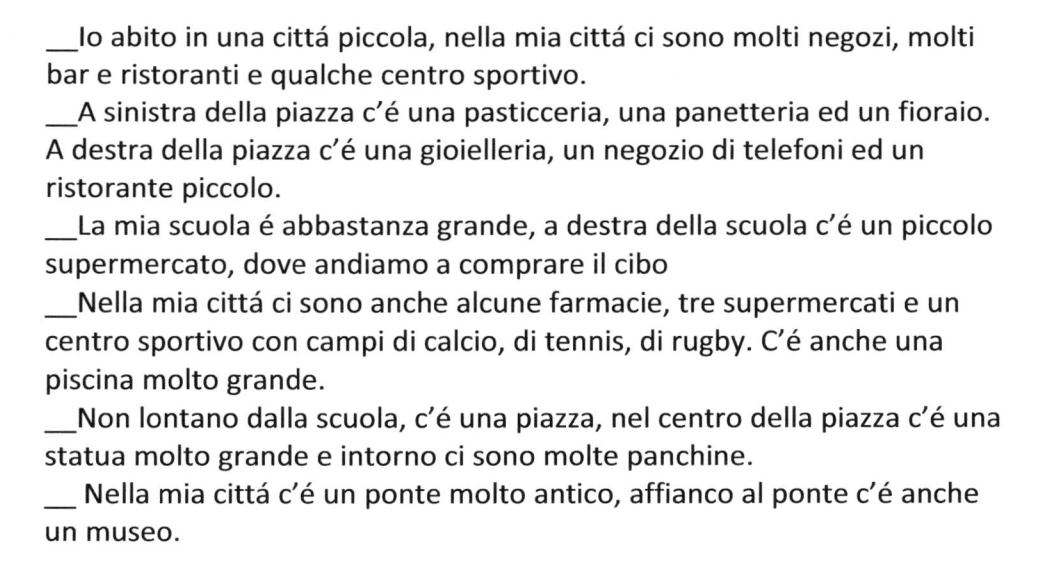

__Io abito in una cittá piccola, nella mia cittá ci sono molti negozi, molti bar e ristoranti e qualche centro sportivo.
__A sinistra della piazza c'é una pasticceria, una panetteria ed un fioraio. A destra della piazza c'é una gioielleria, un negozio di telefoni ed un ristorante piccolo.
__La mia scuola é abbastanza grande, a destra della scuola c'é un piccolo supermercato, dove andiamo a comprare il cibo
__Nella mia città ci sono anche alcune farmacie, tre supermercati e un centro sportivo con campi di calcio, di tennis, di rugby. C'é anche una piscina molto grande.
__Non lontano dalla scuola, c'é una piazza, nel centro della piazza c'é una statua molto grande e intorno ci sono molte panchine.
__ Nella mia cittá c'é un ponte molto antico, affianco al ponte c'é anche un museo.

Attivitá 5: Unscramble the sentences

1) Excuse me, how can I go to the Colosseum?

Posso/Colosseo?/andare/Come/al/Scusi

_____

2) Sure, you have to go straight on and turn right.

Andare/e/dritto/Certo,/A destra/devi/girare/sempre

_____

3) Is it far or is it close? Can I go on foot?

Lontano/vicino?/posso/É/A piedi/andare/o/É

_____

4) Scusi, dov'é il cinema? É vicino?

Vicino?/dov'é/il cinema?/É/Scusi

_____

5) You have to take the first on the right, go straight on and turn left.

A destra/e/devi/A sinistra/dritto/prendere/La prima/andare/girare

_____

6) There is a square, a shop, a bridge and a school.

Un ponte/Una piazza/ed/c'é/Un negozio/Una scuola

_____

Attività 6: *I negozi. Look at the pictures and complete the texts*

1) Nella piazza della mia città ci sono tre _____.
A _____ c'è un negozio fastfood. _____ al negozio fastfood c'è un _____. Accanto c'è un_____

2) Nella piazza della mia città ci sono alcuni _____. A destra c'è una _____, _____ alla pizzeria c'è un supermercato.

Scriviamo Insieme: Write a description by using and expanding on the prompts

- Abito a
- Nella mia città c'é/ci sono
- Accanto a
- A destra
- A sinistra
- Non lontano da…
- É antica/moderna
- É una città piccola/grande

| Attivitá 7: | **Look at the map, translate the words indicating the facilities and give the following directions:** |

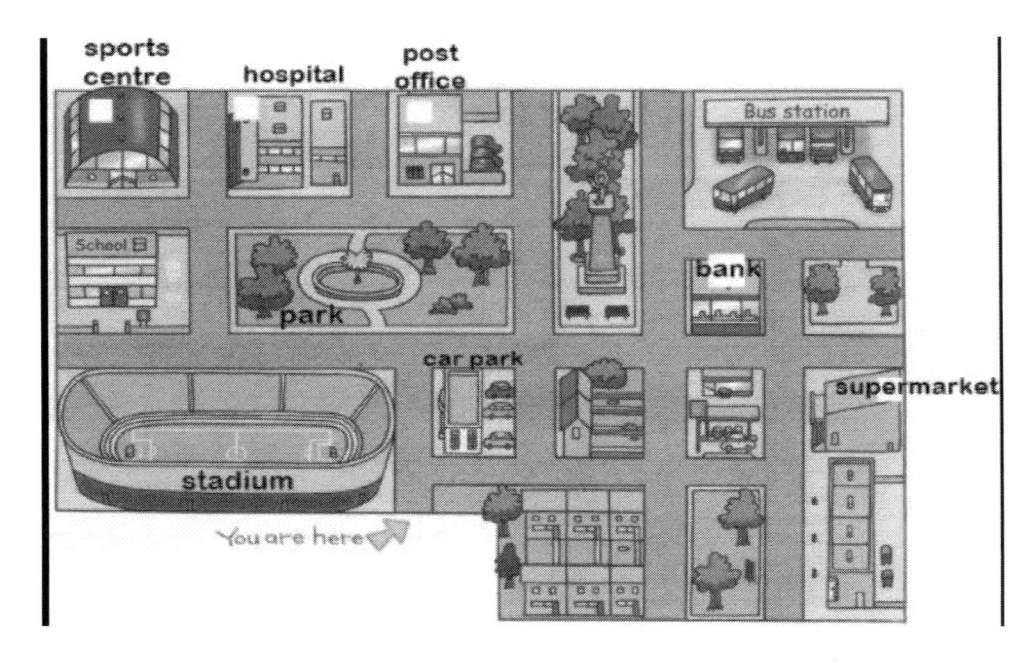

Sport Centre_____
Hospital_____
Post office_____
Bus Station_____
school_____
park_____
Bank_____
stadium_____
 carpark_____
Supermarket_____
Apartments_____
garden_____

Give the following directions:

Your friend is at the stadium and they want to go to the bus station

Your friend is at the park and they want to go to the bank

Your friend is at the hospital and they want to go to the car park

Your friend is at the school and they want to go to the apartments

Your friend is at the post office and they want to go to the school

Your friend is at the sports centre and they want to go to the supermarket

Your friend is at the school and they want to go to the car park.

La Salute ed il Corpo

Attivitá 1: *Read the three text messages and answer the questions*

A

Ciao Anna,

Non posso venire al concerto questa sera perché non mi sento bene. Ho mal di gola, la febbre ed il raffreddore.

Mi dispiace.

Luigi

B

Ciao Marco,

non posso uscire con voi questa sera, ho mal di testa e mal di stomaco. Devo andare dal medico dopo.

Scusami

Cristina

C

Ciao Filippo,

mi ha scritto Francesco, non puó giocare la partita di calcio oggi perché non si sente molto bene. È molto stanco ed ha la nausea.

Adriano

Who....
1) Has temperature?_____
2) Has headache?_____
3) has a cold?_____
4) is tired?_____
5) has pain in their stomach?_____

Find the words and expressions in the texts that mean:
1) Headache _____
2) Sore throat _____
3) Temperature _____
4) a Cold _____
5) Stomach ache _____

Complete the sentences:
1) H_ mal di t_s_a
2) non s_ se_ _e molto _en_
3) H_ m_l d_ g_la
4) Ho _a_ di st_m_c_
5) N_n m_ s_nt_ m_lt_ b_n_

Attivitá 2: *Match the Italian with the English:*

1) la mano a) the knee
2) la testa b) the mouth
3) la gamba c) the arm
4) il piede d) the hand
5) l'occhio e) the head
6) il ginocchio f) the nose
7) il naso g) the tummy
8) L'orecchio h) the leg
9) il braccio i) the foot
10) la bocca l) the ear
11) La pancia L) the eye

1__ 2__ 3__ 4__ 5__ 6__ 7__ 8__ 9__ 10__ 11__

Complete the sentences:

1) Mi fa_____ la gamba
I have pain in my leg
2) Mi fa _____ la pancia
I have pain in my stomach
3) ho _____ di testa
I have headache
4) Mi _____ i denti.
I have pain in my teeth
5) Mi fa _____ la caviglia
I have pain in my ankle
7) ho un'_____ all'occhio
I have an eye infection
7) Ho _____ alla mano
I have pain in my hand

Dolore / mal / male/ male/ slogato/ fanno male/ infezione

Attività 3:

Read the dialogue below and answer the questions:

-Buongiorno, come posso aiutarla?
-Buongiorno, non mi sento molto bene. Ho mal di testa, ho il raffreddore, mal di gola e ho freddo.
-Secondo me è l'influenza. Hai preso freddo?
-Si, ieri sono andato allo stadio per una partita di Rugby.
-Devi prendere una medicina, due pastiglie di paracetamolo al giorno, bere liquidi e stare al caldo e mangiare leggero, non devi prendere freddo.
-Benissimo, grazie!
-Se non migliori, devi andare dal medico.

Match the two columns:

Mal di	Leggero
Prendere	Dal medico
Mangiare	Al caldo
Non mi sento	Testa
Stare	bene
Andare	Freddo

Definizioni:

1) È un dolore alla testa_____
2) quando si ha dolore alla gola_____
3) Cura i pazienti_____
4) è il posto dove ci sono i pazienti_____
5) Si prende quando si sta male_____

Mal di gola / la medicina / il medico / l'ospedale / mal di testa

Listen to the dialogue being read by your teacher (or read the previous dialogue and try to memorise as much as possible) and complete the dialogue:

-Buongiorno, come posso _____?
-Buongiorno, non ____ sento molto _____. Ho mal di _____, ho il _____, mal di _____ e ho freddo.
-Secondo me è l'_____. Hai preso freddo?
-Si, ieri sono andato allo stadio per una partita di Rugby.
-Devi prendere una _____, due _____ di _____ al giorno, bere liquidi e stare al caldo e mangiare _____, non devi _____ freddo.
-Benissimo, grazie!
-Se non _____, devi andare dal _____.

Vero o falso?

1) The character has the flu_____
2) The character has pain in his stomach_____
3) The character needs to take a medicine three times a day_____
4) The character needs to eat a lot of food_____
5) If the character is not getting better they need to go to the hospital_____

Odd one out:

| raffreddore | partita | Mal di testa | Mal di stomaco |

| medicina | paracetamolo | pastiglia | Prendere freddo |

| stadio | Ospedale | farmacia | Dal medico |

Attività 4: Read the texts below:

Oggi sono andata all'ospedale perché mi sono rotta la gamba. Sono caduta mentre correvo per prendere l'autobus. Dopo la caduta, la gamba era molto gonfia e mi faceva male. In ospedale, il medico ha detto che devo portare il gesso per un mese e mezzo.
Marta

Oggi sono andata all'ospedale perché mi sono rotta la caviglia. Sono caduta mentre scendevo le scale. Dopo la caduta, la caviglia era molto gonfia e mi faceva male. In ospedale, il dottore ha detto che devo portare il gesso per sei settimane.
Marina

Oggi sono andato all'ospedale perché mi sono rotto il braccio, Sono caduto mentre ero in bicicletta. Dopo la caduta, il braccio era molto gonfio e mi faceva male. In ospedale, la dottoressa ha detto che devo portare il gesso per un mese.
Andrea

1) Who broke their ankle?_____

2) Who broke their arm? _____

3) Who broke their leg ?_____

4) Who fell while riding a bike? _____

5) Who fell while running?_____

6) Who fell down the stairs?_____

7) Who has to have a cast for six weeks? _____

8) Who has to have a cast for a month?_____

9) Who has to have a cast for a month and a half?_____

Complete the sentences:

1) Giovanni si è rotto la _____ (*Giovanni broke his leg*)
2) Ieri Maria _____ caduta (*Maria fell yesterday*)
3) Mio fratello non si sente molto _____ (*My brother isn't feeling very well*)
4) Sono andata all'_____ (*I went to the hospital*)
5) La prossima volta starò più _____ (*I will be more careful next time*)

Complete the words:

1) f _ _ b _ e (temperature)
2) _ s _ e d _ l _ (hospital)
3) p a r _ _ e t _ m _ l _ (paracetamol)
4) m_d_ _in_ (medication)
5) c a _ i _ _ i a (ankle)
6) _ e _ i c _ (doctor)
7) r _ t _ o (broken)
8) r _ _ f _ e _ d _ _ e (a cold)
9) g _ _ b a (leg)
10) b r _ _ _ i o (arm)

Attivitá 5: Match the English with the Italian

1. La settimana scorsa non sono stata bene.
2. Il medico mi ha chiesto se avevo preso freddo.
3. Ieri avevo mal di testa e la febbre.
4. Il medico ha detto che devo prendere il paracetamolo per la febbre.
5. Il medico mi ha visitato e mi ha fatto molte domande.
6. Il medico mi ha detto che devo riposare.
7. Non potrò fare molte cose che mi piacciono e dovrò riposare.
8. Dopo la caduta, la caviglia era molto gonfia e mi faceva male.
9. Oggi sono andata all'ospedale perché mi sono rotta la gamba.
10. Sicuramente la prossima volta sarò più prudente!

a. The doctor asked me if I had caught a cold.
b. The doctor told me I have to rest.
c. After the fall, my ankle was very swollen and it hurt.
d. I wasn't well last week.
e. I will not be able to do many things that I like and I will have to rest.
f. The doctor said I have to take paracetamol for the temperature.
g. Yesterday I had a headache and a fever.

h. The doctor examined me and asked me many questions.
i. I will certainly be more careful next time!
j. Today I went to the hospital because I broke my leg.

1)____ ; 2)____ ; 3)____ ; 4)____ ; 5)____ ; 6)____ ; 7)____ ; 8) ____ ; 9)____ ; 10) ____ .

Circle the correct phrase (starting from the bottom) and form a paragraph:

purtroppo non potevo uscire con gli amici	Purtroppo non posso uscire con gli amici	Purtroppo non sono potuto uscire con gli amici
Ho dovuto prendere la medicina	Dovevo prendere la medicina	Devo prendere la medicina
Mi dice che devo riposare	Mi diceva che devo riposare	Mi ha detto che devo riposare
Sono andato dal medico	Andavo dal medico	Vado dal medico
Ho la febbre	Avevo la febbre	Ho avuto la febbre
Ieri non sono stato bene	Ieri non ho stato bene	Ieri non sto bene

Attivitá 6:

Read the comments and the advices below and do the following activities

Alessandro: Oggi ho mal di gola. Ieri ho preso freddo.
Giulia: Mi fa male la testa oggi.
Martina: Sono caduta e mi sono rotta il braccio
Mario: devo comprare le medicine oggi.
Luciana: Ho la tosse e mi fa male la gola

1) Devi andare in farmacia   2) Devi prendere l'aspirina   3) Devi andare in ospedale   4) Devi prendere lo sciroppo   5) Devi prendere il paracetamolo

Now match the person with the advice:
Alessandro____   Giulia_____   Martina_____
Mario_____   Luciana_____

Split sentences: form sentences by joining one element from the two columns

1) Noi
2) Marco
3) Gianna
4) Voi
5) Martina e Luisa
6) tu

a) si è rotta la caviglia
b) devi portare il gesso per un mese.
c) dovete riposare
d) hanno preso freddo
e) ha la febbre e il raffreddore
f) abbiamo mal di testa

1__ 2__ 3__ 4__ 5__ 6__

Choose the right option:

1) Ieri sono uscito senza cappotto. Adesso ho il **raffreddore/mal di gola**.
Yesterday I went out without wearing my coat. Now I have a cold.

2) Sono uscito con i miei amici, ma ha cominciato a piovere e non avevo l'ombrello. Adesso ho **mal di stomaco/la febbre.**
I went out with my friends, but it started to rain and I didn't have an umbrella. Now I have a fever.

3) Il medico mi ha detto che devo **riposare/stare al caldo** e prendere il paracetamolo per la febbre.
The doctor told me I have to keep warm and take paracetamol for the fever.

4) Ieri sono caduta mentre ero in bicicletta. Mi sono rotta **il braccio/la caviglia**!
I fell while riding the bicycle yesterday. I broke my arm!

5) La settimana scorsa avevo il raffreddore. Adesso mi sento molto **male/meglio.**
Last week I had a cold. Now I feel much better.

6) Sono andata in montagna, ma c'era molto vento. Adesso ho **mal di gola/mal di testa.**
I went to the mountains, but it was very windy. Now I have a sore throat.

7) Ho mangiato un panino che aveva un sapore strano. Adesso ho **mal di stomaco/mal di testa.**
I had a sandwich that tasted funny. Now I have a stomach ache.

8) Sono caduto mentre correvo a prendere l'autobus. La dottoressa ha detto che mi sono rotto **la gamba/il braccio.**
I fell while running to catch the bus. The doctor said I broke my leg.

9) Oggi non mi sento bene. Forse ho **il raffreddore/la febbre.**
I am not feeling well today. Maybe I have a fever.

| Attivitá 7: | *Odd one out* |

testa	gola	cappotto	stomaco
attento	riposare	mangiare	prendere
medico	scuola	dottore	dottoressa
panino	febbre	mal di stomaco	raffreddore
ospedale	gesso	padre	dottore
tosse	mal di testa	raffreddore	vento

Circle the correct option:

1) Ieri **sono/ho caduto** mentre **ho sceso/scendevo** le scale.
2) La settimana scorsa Simone **si/mi** è **rotta/rotto** il braccio.
3) Io e mio fratello non **ci/si** sentiamo molto bene oggi. Forse **siamo/abbiamo** preso freddo.
4) Il medico mi **visitava/ha visitato** e **ha detto/diceva** che devo prendere il paracetamolo.
5) Ieri **avevo/ho** mal di gola, ma oggi **ci/mi** sento molto meglio.

Prenotazioni

Attivitá 1: *Read the following dialogues and answer the questions*

Testo A
- Buongiorno, è l'albergo Belvedere?
- Sì, desidera?
- Vorrei prenotare una camera matrimoniale con bagno dal 3 al 10 luglio, per una settimana.
- Un momento che controllo… Abbiamo una camera disponibile al primo piano. Nella camera ci sono il bagno e il frigobar! Poi, nell'albergo c'è anche il parcheggio!
- C'è l'animazione?
- Purtroppo nel nostro albergo non c'è l'animazione, ma se vuole c'è un centro fitness! Va bene?
- Non c'è problema! Allora vorrei fare la prenotazione, per favore!
- Vuole la pensione completa oppure preferisce la mezza pensione?
- Vorrei la mezza pensione, grazie!

Testo B
- Buongiorno, è l'hotel Marechiaro?
- Sì, mi dica!
- Vorrei prenotare una camera singola con doccia dal 15 al 19 giugno, per quattro notti.
- Vediamo… Abbiamo una camera disponibile al terzo piano. Nella camera ci sono la doccia e la televisione! Poi, nell'albergo c'è anche l'ascensore!
- C'è la piscina?
- Purtroppo nel nostro hotel non c'è la piscina, ma se vuole c'è la sauna! Va bene?
- Va bene lo stesso! Allora vorrei fare la prenotazione, per favore!
- Vuole solo la colazione oppure preferisce la pensione completa?
- Vorrei la pensione completa, grazie!

Testo C
- Buongiorno, è la pensione Sirene?
- Sì, come posso aiutare?
- Vorrei prenotare una camera doppia con aria condizionata dal 27 luglio al 10 agosto, per due settimane.

Allora… Abbiamo una camera disponibile al secondo piano. Nella camera ci sono l'aria condizionata e la televisione. Poi, nell'albergo c'è anche la piscina!
- C'è la sauna?
- Purtroppo nella nostra pensione non c'è la sauna, ma se vuole c'è l'animazione! Va bene?
Sì, va bene! Allora vorrei fare la prenotazione, per favore!
- Vuole la mezza pensione, oppure preferisce solo la colazione?
- Vorrei solo la colazione, grazie!

Find in which text the customer:
1) wants to book a single room_____
2) wants to book a room with air conditionining_____
3) gets a room on the first floor_____
4) gets a room with minibar_____
5) goes to a hotel with swimming pool____
6) asks if there is a sauna_____
7) wants full board_____
8) wants half-board_____
9) wants breakfast only_____

Find the meaning of:
1) Camera matrimoniale_____
2) Mezza Pensione_____
3) Sauna_____
4) Animazione _____
5) Aria condizionata_____
6) Prenotazione _____
7) Parcheggio _____

Spot the spelling mistakes:
1) Pensiona completa _____
2) Ascenzore _____
3) Pishina _____
4) Centre fitness _____
5) Camere singola _____
6) Friggobar _____
7) Televizione _____

Match the expressions:

1) Aria   a) Completa
2) Pensione   b) Condizionata
3) Mezza   c) Piano
4) Camera   d) Doppia
5) Secondo   e) Fitness
6) Centro   f) Pensione

1__ 2__ 3__ 4__ 5__ 6__

Definizioni:
1) Quando fa caldo si accende_____
2) include tutti i pasti e le bibite_____
3) Include solo due pasti_____
4) una camera con due letti separati_____
5) una camera con un letto grande_____
6) una piccola palestra_____
7) c'é l'acqua e puoi nuotare_____
8) puoi parcheggiare la macchina_____
9) una camera con un letto singolo_____
10) il piano tra il primo ed il terzo piano_____

La piscina / l'aria condizionata / secondo piano / mezza pensione/ il parcheggio / il centro fitness / una camera doppia / pensione completa / una camera matrimoniale / una camera singola

Attivitá 2:

Read the two texts
a)

Mi chiamo Luca e ho quattordici anni.
La settimana scorsa sono andato in vacanza con la mia famiglia! Sono stato al mare per due settimane, e mi sono divertito molto! Abbiamo viaggiato in aereo in prima classe, è stato rilassante! Il mio posto era vicino al finestrino! È il posto che preferisco! Ho prenotato una camera con vista mare in un albergo. Era una camera moderna e luminosa al secondo piano. C'era la televisione e anche l'aria condizionata! Infatti, non faceva caldo!
Poi, al mattino c'era anche la colazione irlandese! Mi è piaciuta molto! Spero che l'anno prossimo farò una vacanza simile!

b)

Mi chiamo Anna e ho quindici anni.
La settimana scorsa sono andata in vacanza con la mia famiglia! Sono stata in montagna per due settimane, e non mi sono divertita molto. Abbiamo viaggiato in treno in seconda classe, è stato stressante! Il mio posto era vicino al corridoio! Non è il posto che preferisco. Ho prenotato una camera vista montagna in un albergo. Era una camera vecchia e buia al piano terra, non c'era la televisione e nemmeno l'aria condizionata! Infatti, faceva caldo!
Poi, al mattino c'era solo la colazione continentale! Non mi è piaciuta affatto!
Spero che l'anno prossimo farò una vacanza diversa!

Trova le parole che significano:
1. We have travelled _____
2. Seat_____
3. Plane _____
4. Train _____
5. First class_____
6. second class_____
7. Seaview_____
8. Mountain view_____
9. It was hot_____
10. I booked _____

Find the opposites:

1. Rilassante _____
2. Moderna _____
3. Luminosa _____
4. Simile _____
5. C'era _____

Compare A and B:

1. Who went to the seaside?_____
2. Who went in the mountains?_____
3. Who didn't have fun?_____
4. Whose room was bright and modern?___
5. Whose room had no air conditioning?___
6. Who had Irish breakfast in the morning? _____
7. Who travelled by train? _____
8. Who booked a window seat?_____

9. Who booked a seaview room? _____
10. Whose room had the television? _____
11. Who travelled first class? _____

Match the two columns:

1) Sono andato in vacanza	a) Due settimane
2) per	b) molto
3) Mi sono divertito	c) Con vista montagna
4) Abbiamo viaggiato	d) continentale
5) Mi sono divertito	e) Con la mia famiglia
6) Una camera	f) In aereo
7) La colazione	g) molto

1__ 2__ 3__ 4__ 5__ 6__ 7__

Attivitá 3:

Match the English with the Italian

1. Purtroppo nel nostro albergo non c'è l'animazione, ma se vuole c'è un centro fitness!
2. Vorrei solo la colazione, grazie!
3. Vorrei prenotare una camera doppia con aria condizionata.
4. Vorrei fare la prenotazione, per favore.
5. Vorrei prenotare una camera singola dal 15 al 19 giugno.
6. Nella camera ci sono il bagno e il frigobar!
7. Abbiamo una camera disponibile con doccia al terzo piano.
8. Vorrei la mezza pensione, grazie!
9. Vorrei prenotare una camera singola con doccia.
10. Abbiamo una camera disponibile al secondo piano.

a. I would like the half board, thank you!
b. There is a bathroom and a mini-bar in the room!
c. We have a room available on the second floor.
d. We have a room available with a shower on the third floor.
e. I would like to book a single room with shower.
f. I just want breakfast, thanks!
g. I would like to book a twin room with air conditioning.
h. Unfortunately there is no entertainment in our hotel, but if you want there is a fitness center!
i. I would like to book a single room from 15 to 19 June.
j. I would like to make a reservation, please.

1__ 2__ 3__ 4__ 5__ 6__ 7__ 8__ 9__ 10__

Organise the vocabulary in the previous sentences according to the categories below:

Verbi   **Aggettivi**

Servizi   **Preposizioni**

| **Attivitá 4:** | *Match the Italian with the English* |

1. Abbiamo viaggiato in prima classe, è stato rilassante!
2. Ho prenotato una camera vista montagna in un albergo.
3. Nella camera non c'era la televisione e nemmeno l'aria condizionata!
4. Al mattino c'era anche la colazione irlandese!
5. Spero che l'anno prossimo farò una vacanza diversa!
6. Sono stata in montagna per due settimane, e non mi sono divertita molto.
7. Abbiamo viaggiato in treno e il mio posto era vicino al corridoio!
8. Ho prenotato una camera vista mare in un albergo
9. Nella camera c'era la televisione e anche l'aria condizionata.

a. In the morning there was also Irish breakfast!
b. I booked a sea view room in a hotel.
c. We travelled first class, it was relaxing!
d. I hope I will have a different holiday next year!
e. I booked a mountain view room in a hotel.
f. We travelled by train and I had an aisle seat!
g. In the room there was the television and also air conditioning.
h. In the room there was no television and no air conditioning!
i. I've been in the mountains for two weeks, and I haven't had much fun.

1__ 2__ 3__ 4__ 5__ 6__ 7__ 8__ 9__

Organise the vocabulary in the previous phrases according to the categories:

Verbi al tempo Passato Prossimo:

Verbi al tempo Imperfetto:

Sostantivi:

Aggettivi:

Unscramble the sentences:

1) camera prenotato una montagna in un albergo ho vista
_____
I booked a mountain view room in a hotel.

2) una camera terzo abbiamo con doccia al disponibile piano
_____
We have a room available with shower on the third floor.

3) prenotare una camera condizionata doppia con aria vorrei
_____
I would like to book a twin room with air conditioning.

4) completa grazie la vorrei pensione
_____
I would like a full board, thank you!

5) nella c'erano il camera televisione e frigobar la
_____
In the room there were the television and the mini-bar.

6) prima viaggiato in abbiamo classe
_____
We travelled first class.

Attivitá 5: *Listen to the text being read by your teacher (or read the English translation) and fill the blanks with what you hear.*

- Buongiorno, è questa la _____ ?
- Sì, come _____ aiutare?
- Vorrei sapere gli _____ dei treni per Firenze.
- Certo! Quando vuole _____ ?
- Vorrei partire _____ prossima, alle undici!
- Allora, c'è un _____ che parte alle undici e un quarto. _____ a Firenze all'una.
- Perfetto! Vorrei comprare un biglietto _____ _____ , per favore.
- Benissimo, c'è un _____ disponibile in terza classe.
- Va bene! Ci sono posti vicino al _____ ?
- Purtroppo ci sono solo i posti vicino al _____ .
- D'accordo. Quanto _____ ?
- Costa 60 euro. Paga con la _____ o in contanti?
- Pago in _____ ! Ecco a lei!
- Ecco il _____ , buon viaggio!

- Good morning, is this the ticket office?
- Yes, how can I help?
- I would like to know the train timetables for Florence.
- Sure! When would you like to leave?
- I'd like to leave next Sunday, at eleven!
- So, there is a train that leaves at quarter past eleven. It arrives in Florence at one o'clock.
- Perfect! I'd like to buy a one-way ticket, please.
- Very well, there is a place available in third class.
- Alright! Are there any window seats?
- Unfortunately there are only aisle seats.
- Alright. How much is it?
- It's 60 euros. Do you pay by card or in cash?
- I pay cash! Here you go!
- Here's your change, have a good trip!

Match the English with the Italian:

1) Biglietteria   a) In cash
2) orari   Tb) rains
3) Treni   c) ticket
4) partire   d) Ticket office
5) biglietto   e) window
6) Solo andata   f) To leave/to depart
7) finestrino   g) timetable
8) In contanti   h) One way

1__ 2__ 3__ 4__ 5__ 6__ 7__ 8__

| Attivitá 6: |

Put the Italian text in the correct order (enter the numbers in the spaces provided). You can follow the English translation to help you out.

- Good morning, is this the ticket office?
- Yes, how can I help?
- I would like to know the train timetables for Florence.
- Sure! When would you like to leave?
- I'd like to leave next Sunday, at eleven!
- So, there is a train that leaves at quarter past eleven. It arrives in Florence at one o'clock.
- Perfect! I'd like to buy a one-way ticket, please.
- Very well, there is a place available in third class.
- Alright! Are there any window seats?
- Unfortunately there are only aisle seats.
- Alright. How much is it?
- It's 60 euros. Do you pay by card or in cash?
- I pay cash! Here you go!
- Here's your change, have a good trip!

____ Allora, c'è un treno che parte alle undici e un quarto. Arriva a Firenze all'una.

____ D'accordo. Quanto costa?
____ Buongiorno, è questa la biglietteria?
____ Perfetto! Vorrei comprare un biglietto sola andata, per favore.
____ Vorrei sapere gli orari dei treni per Firenze.
____ Certo! Quando vuole partire?
____ Purtroppo ci sono solo i posti vicino al corridoio.
____ Vorrei partire domenica prossima, alle undici!
____ Costa 60 euro. Paga con la carta o in contanti?

____ Ecco il resto, buon viaggio!
____ Sì, come posso aiutare?
____ Pago in contanti! Ecco a lei!
____ Benissimo, c'è un posto disponibile in terza classe.
____ Va bene! Ci sono posti vicino al finestrino?

Unscramble the sentences:

1. prossima partire domenica vorrei_____
I would like to leave next Sunday.

2. favore andata vorrei biglietto di sola un per _____
I would like a one way ticket.

3. quarto un treno che c'è un parte alle undici e_____
There is a train leaving at 11:15

4. treni dei sapere vorrei orari gli per Firenze_____
I would like to know the timetable of the trains to Florence

5. viaggio resto il ecco buon_____
Have a safe trip, here is the change

Find the mistakes in the sentences:

1. Pagare in contenti! Ecche a lei_____
2. Bongiorno, e queste la billietterie?_____
3. Ce uno posto disponebile in tersa clase_____
4. C'è posti vicine al finestrina?_____
5. Cuando voglio partere?_____

Attivitá 7:

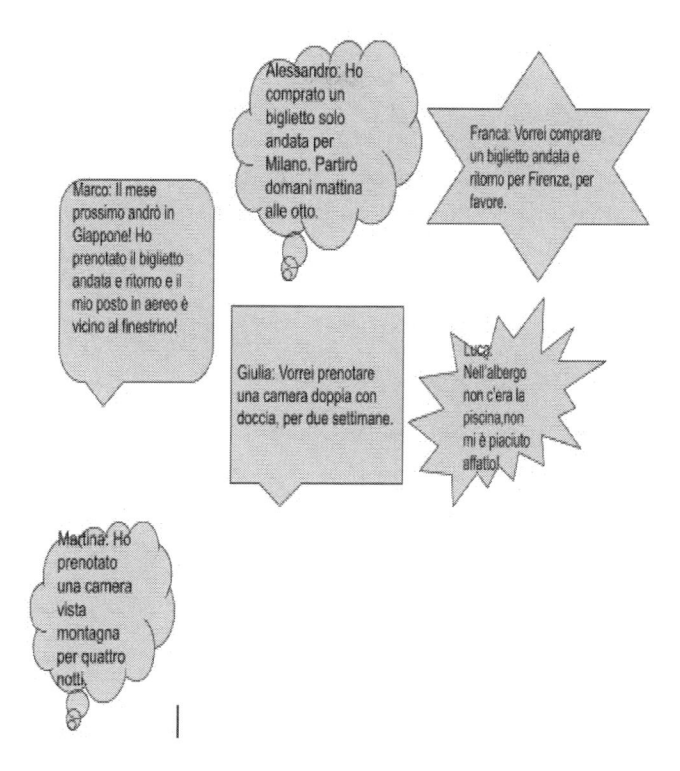

Marco: Il mese prossimo andrò in Giappone! Ho prenotato il biglietto andata e ritorno e il mio posto in aereo è vicino al finestrino!

Alessandro: Ho comprato un biglietto solo andata per Milano. Partirò domani mattina alle otto.

Franca: Vorrei comprare un biglietto andata e ritorno per Firenze, per favore.

Giulia: Vorrei prenotare una camera doppia con doccia, per due settimane.

Luca: Nell'albergo non c'era la piscina, non mi è piaciuto affatto!

Martina: Ho prenotato una camera vista montagna per quattro notti.

Find out who:
1. Bought a one-way ticket to Milan _____
2. Would like to buy a round trip ticket to Florence _____
3. Booked a mountain view room _____
4. Booked a window seat on the plane _____
5. Would like to book a twin room _____
6. Didn't like his hotel _____
7. Stayed in a hotel without pool _____
8. Booked a round trip ticket to Japan _____
9. Will leave tomorrow morning at eight _____

Choose the right option:

Attivitá 8:

1) Vorrei prenotare una camera **singola/doppia** con la doccia e la televisione, per favore.
I would like to book a single room with shower and television, please.

2) Purtroppo, ci sono solo posti vicino al **corridoio/finestrino**.
Unfortunately, there are only window seats.

3) Abbiamo una camera **matrimoniale/doppia** disponibile con frigobar al **terzo/secondo** piano.
We have a double room available with mini-bar on the third floor.

4) Ho comprato un biglietto **andata e ritorno/solo andata** per Napoli. Partirò **mercoledì/giovedì** prossimo.
I bought a one-way ticket to Naples. I will leave on Thursday morning.

5) Purtroppo, nel nostro albergo non c'è **l'animazione/la sauna**, ma se vuole, c'è **la piscina/il parcheggio**!
Unfortunately, in our hotel there's no entertainment, but if you want, there's the pool!

6) L'albergo non mi è piaciuto molto. Nella camera non c'era **la doccia/l'aria condizionata** e faceva **caldo/freddo**.
I didn't like the hotel very much. In the room there was no air conditioning and it was hot.

7) Vorrei la **pensione completa/mezza pensione**, grazie!
I would like the half board, thank you!

8) Buongiorno, è questa la **biglietteria/animazione**?
Good morning, is this the ticket office?

9) Abbiamo viaggiato in **prima/terza** classe, è stato **stressante/rilassante**!
We travelled third class, it was stressful!

Attivitá 9: *Listen to your teacher read the text below (or read the full text on the next page and try to memorise as much as you can) and fill in the blanks.*

Caro Marco,

Come _____? Come sta la tua _____?
La settimana _____ sono _____ in _____ in Italia. É stato bellissimo.
Sono _____ con la mia famiglia.
_____ mangiato molto _____ Italiano, era _____.
Abbiamo _____ Roma, Napoli e Pompei. Il _____ era _____, faceva molto _____.
Roma é bellissima, é molto _____, mi é piaciuta molto.
Ci sono molti _____, ho visto il colosseo, la Fontana di Trevi ed il Pantheon.

A presto,
Un _____.

Marta

Now check your work with the completed text:
Caro Marco,
Come stai? Come sta la tua famiglia?
La settimana scorsa sono andato in vacanza in Italia. É stato bellissimo.
Sono andato con la mia famiglia.
Abbiamo mangiato molto cibo Italiano, era buonissimo.
Abbiamo visitato Roma, Napoli e Pompei. Il tempo era bellissimo, faceva molto caldo.
Roma é bellissima, é molto antica, mi é piaciuta molto.
Ci sono molti monumenti, ho visto il colosseo, la Fontana di Trevi ed il Pantheon.

A presto,
Un abbraccio.
Marta

Read the completed text again a few times and complete the letter with the missing paragraphs:

Caro Marco,

La settimana scorsa sono andato in vacanza in Italia. É stato bellissimo.

Abbiamo mangiato molto cibo Italiano, era buonissimo.

Roma é bellissima, é molto antica, mi é piaciuta molto.

A presto,

Marta

Attivitá 10: *The letter below is all mixed up, put the sentences in the correct order*

___Sono andato con la mia famiglia.
Abbiamo mangiato molto cibo Italiano, era buonissimo.
___Abbiamo visitato Roma, Napoli e Pompei. Il tempo era bellissimo, faceva molto caldo.
___Roma é bellissima, é molto antica, mi é piaciuta molto.
Ci sono molti monumenti, ho visto il colosseo, la Fontana di Trevi ed il Pantheon.
___La settimana scorsa sono andato in vacanza in Italia. É stato bellissimo.
___Come stai? Come sta la tua famiglia?

___A presto,
Un abbraccio. Marta
___Caro Marco,

Match the paragraphs below with their English translation
1) Sono andato con la mia famiglia.
Abbiamo mangiato molto cibo Italiano, era buonissimo.
2) Abbiamo visitato Roma, Napoli e Pompei. Il tempo era bellissimo, faceva molto caldo.
3) Roma é bellissima, é molto antica, mi é piaciuta molto.
Ci sono molti monumenti, ho visto il colosseo, la Fontana di Trevi ed il Pantheon.
4) La settimana scorsa sono andato in vacanza in Italia. É stato bellissimo.
5) Come stai? Come sta la tua famiglia?
6) A presto,
Un abbraccio. Marta
7) Caro Marco,

A) Rome is very beautiful, it is very ancient, I liked it a lot.
There are a lot of monuments, I saw the Colosseum, the Trevi Fountain and the Pantheon.
B) I went with my family. We ate a lot of Italian food, it was delicious.
C) Dear Marco,
D) Last week I went to Italy for holiday. It was very nice.
E) See you soon,
A hug,
Marta.
F) We visited Rome, Neaples and Pompeii. The weather was very good, it was very warm.
G) How are you? How is your family?

1__ 2__ 3__ 4__ 5__ 6__ 7__

Attivitá 11:

Translate the following sentences from Italian into English

Caro Luca, come stai? Come sta la tua famiglia?

L'estate scorsa sono andata in vacanza a Milano. É stato fantastico.

Sono andato con la mia famiglia. Abbiamo mangiato la pizza, il gelato e molta pasta!

Il tempo era bellissimo, c'era il sole e faceva molto caldo.

Ho visitato il centro di Milano, lo stadio San Siro e il Duomo. L'arte in Italia é bellissima.

Un giorno siamo andati al lago di Como, é stato bellissimo.

Ho parlato anche Italiano!

Un abbraccio,
Ciao,
Maria

Translate the following sentences from English into Italian

Dear Luisa, How are you? How is your family?

I am very well, I went on holiday to Florence last week, it was amazing!

I went there with my family, we landed on Wednesday and we returned yesterday.

We visited the city centre, the Uffizi museum and a lot of churches. Italian art is amazing!

We ate a lot of food, especially Pizza, pasta and icecream. The icecream was delicious.

One day we went to the beach as well!

The weather was sunny and it was very hot

Talk soon, a hug, Rossella.

Imperfetto Vs Passato Prossimo

Attivitá 1:

Read the text below

Quando ero piccola, andavo spesso al cinema con i miei genitori nel fine settimana. Potevo andare al cinema solo se prima facevo tutti i compiti. Dopo il film, mangiavamo una pizza nel ristorante di fronte al cinema! Ordinavo sempre il tiramisù come dolce! Qualche volta io e i miei genitori andavamo a giocare a bowling. Era molto divertente ed ero molto brava. Mi piaceva molto uscire con i miei genitori nel fine settimana. Facevamo tante cose insieme! Adesso sono cresciuta, e nel fine settimana esco con i miei amici. Ad esempio, sabato scorso sono uscita con la mia amica Sara. Prima siamo andate al centro commerciale. Abbiamo fatto compere: io ho comprato una bella gonna azzurra. Sara ha comprato una borsa bianca. Poi siamo andate al cinema del centro commerciale. Abbiamo visto un film dell'orrore. Dopo il film abbiamo mangiato un gelato in un bar. Siamo tornate a casa presto perché i nostri genitori vogliono che torniamo a casa alle dieci. Io e Sara abbiamo passato una giornata bellissima! Ci siamo divertite molto!

Find in the text the words/phrases that mean:

1) When I was little_____
2) We used to eat pizza_____
3) It was really fun_____
4) Now I have grown up_____
5) We went to the shopping center_____
6) We watched a horror movie_____
7) We ate an ice cream _____
8) We had a lot of fun _____

L' Imperfetto

parlare	scrivere	capire
parlavo	scrivevo	capivo
parlavi	scrivevi	capivi
parlava	scriveva	capiva
parlavamo	scrivevamo	capivamo
parlavate	scrivevate	capivate
parlavano	scrivevano	capivano

IL PASSATO PROSSIMO

AVERE / ESSERE + -ATO, -UTO, -ITO

AVERE
- IO HO
- TU HAI
- LUI/LEI HA
- NOI ABBIAMO
- VOI AVETE
- LORO HANNO

MANGIATO
CREDUTO
DORMITO

ESSERE
- SONO ANDATO/A
- SEI ANDATO/A
- È ANDATO/A
- SIAMO ANDATI/E
- SIETE ANDATI/E
- SONO ANDATI/E

HO MANGIATO TUTTE LE PATATINE. IL SACCHETTO È VUOTO. UFFA!

© ITALIANO BELLO

Find the meanings of:
1) Fine settimana _____
2) Prima _____
3) Poi _____
4) Ad esempio _____
5) Qualche volta _____

IL Passato Prossimo vs l'imperfetto

Uses of the Passato Prossimo:

- Single, completed event in the past:
  Sono andata al mare la settimana scorsa.

- A number of completed events in the past:
  Sono andata al mare tre volte durante l'estate.

Uses of the *imperfetto*:

- Habitual events in the past:
  Andavo al mare ogni estate.

- Uncompleted or interrupted events in the past:
  Dormivo quando il telefono ha suonato.

- Descriptions (physical characteristics, states of mind, location, time, weather, age, etc...)
  Lui era un bravo studente.
  Ieri faceva freddo e pioveva.
  Abitavo a Firenze quando ero giovane.

Unscramble the sentences:

1) andavo quando al spesso ero cinema piccola
_____

2) pizza il mangiavamo dopo una film
_____

3) con uscire miei piaceva mi genitori molto i
_____

4) Sara uscita mia scorso sono con sabato la amica
_____

5) gelato mangiato in un abbiamo un bar
_____

Find the mistakes in the sentences:

1) Qualche volta io e i miei genitori andavano a giocare a bowling
_____

2) Avete fatti compere: io sono comprota una belle gonna azurra.
_____

3) Siamo andata al cinema del centro commerciale.
_____

4) Ho tornato a casa presto
_____

5) Si sono divertita molto!
_____

Organise the vocabulary in the first text according to the categories:

Verbi al passato prossimo:

Verbi all'imperfetto:

Verbi al presente:

Espressioni di tempo:

Translate the followings:

1) We went to the cinema

   _____

2) Sara bought a white bag

   _____

3) We got back home soon

   _____

4) We had a lot of fun!

   _____

5) I always ordered tiramisu as a dessert!

   _____

6) Sometimes we would go bowling.

   _____

Tick the correct box

	Quando ero piccolo/a	Una volta
Sono andato in Italia		
Mangiavo sempre		
Andavo a scuola tardi		
Ho visto un concerto		
Sono uscito con Maria		
Suonavo la chitarra		

Match the Italian with the English

Attivitá 2:

1. Sabato scorso sono uscita con la mia amica Sara.
2. Io e Sara abbiamo passato una giornata bellissima!
3. Dopo il film, abbiamo mangiato un gelato in un bar.
4. Ieri ho festeggiato il mio compleanno. È stata una giornata fantastica!
5. Per il mio compleanno, ho ricevuto un libro e l'ultimo cd del mio cantante preferito.
6. Adesso sono cresciuta, e nel fine settimana esco con i miei amici.
7. Ho passato un compleanno bellissimo, mi sono divertito molto!
8. La settimana scorsa sono andato con i miei amici nel nuovo parco divertimenti.
9. Ieri sera io e i miei amici ci siamo divertiti molto!
10. La settimana scorsa siamo andati in un ristorante molto costoso.

a. I had a beautiful birthday, I had a lot of fun!
b. Last weekend we went to a very expensive restaurant.
c. Last weekend I went to the new amusement park with my friends.
d. For my birthday, I got a book and the latest cd of my favourite singer.
e. Yesterday night my friends and I had a lot of fun!
f. Now I have grown up, and at the weekend I go out with my friends.
g. After the movie, we ate an ice cream in a cafe.
h. Sara and I had a beautiful day!
i. Yesterday I celebrated my birthday. It was a fantastic day!
j. Last Saturday I went out with my friend Sara.

1__ 2__ 3__ 4__ 5__ 6__ 7__ 8__ 9__ 10__

Uncramble the sentences:

1) bellissima una passato ho giornata famiglia la mia

_____

I spent a beautiful day with my family

2) Sara uscita sabato con amica la mia scorso sono

_____

Last Saturday I went out with my friend Sara

3) andato miei parco nuovo divertimenti scorsa la settimana sono i con amici al

_____

Last week I went to the new theme park with my friends

4) divertiti sera siamo ieri ci molto
_____

We had a lot of fun last night

Attivitá 3: *Match the Italian with the English*

1. In vacanza mangiavo sempre fuori con la famiglia.
2. Andavo sempre al mare quando ero in Italia.
3. L'anno scorso non parlavo bene Italiano
4. Quando abitavo a Dublino mangiavamo la pizza ogni sabato.
5. Quando ero piccola, io e i miei genitori facevamo tante cose insieme.
6. Quando ero piccola, andavo spesso al cinema con i miei genitori nel fine settimana.
7. In Italia ordinavo sempre il tiramisù come dolce!
8. Quando ero piccolo andavo spesso al bowling.
9. Due anni fa ero molto brava a giocare a bowling.

a. When I used to live in Dublin I used to have pizza every Saturday
b. When I was little, my parents and I used to do many things together.
c. When I was little, I would often go to the cinema with my parents at the weekend.
d. Two years ago I was really good at bowling.
e. I always used to go to the beach when I was in Italy
f. When I was little I often used to go bowling
g. On holiday I used to have dinner out all the time with m family
h. Last year I did not used to speak Italian very well.
i. In Italy I always used to order tiramisu for dessert!

1__ 2__ 3__ 4__ 5__ 6__ 7__ 8__ 9__

Correct the following sentences:

1) L'anno scorso non parlato bene Italiano
_____
Last year I did not use to speak Italian well.

2) In vacanza ho mangiato sempre fuori con la famiglia.
_____
On holiday, I always used to eat out with my family

3) Quando abita a Dublino mangiamo la pizza ogni sabato.
_____
When I used to live in Dublin we used to eat pizza every Saturday

4) In Italia ho ordinato sempre il tiramisu per dolce
_____
In Italy I always used to order Tiramisu for dessert!

5) Quando sono piccolo sono andato sempre al bowling
_____
When I was little I always used to go bowling

6) Due anni fa sono stata molto brava a giocare a bowling.
_____
Two years ago I was very good at bowling

7) Quando sono piccola, andato spesso al cinema con i miei genitori nel fine settimana.
_____
When I was little, I often used to go to the cinema with my parents at the weekend.

Attività 4: *Read the conversation below and do the following activities*

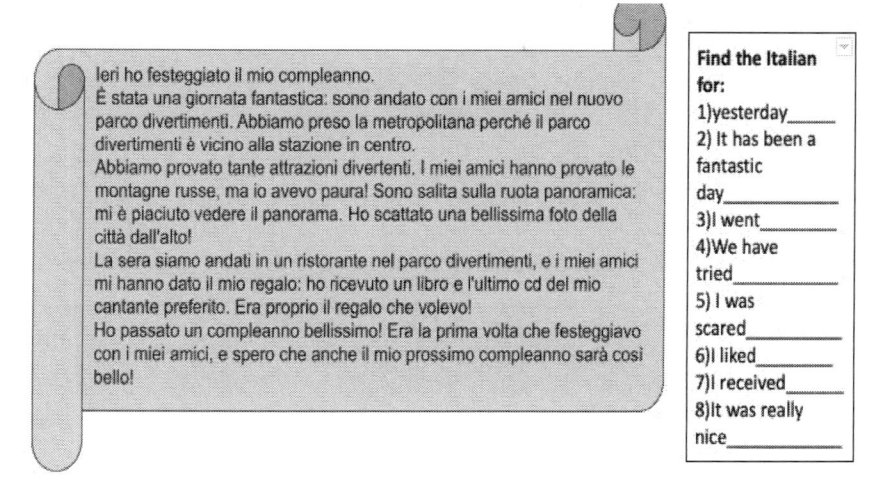

Ieri ho festeggiato il mio compleanno.
È stata una giornata fantastica: sono andato con i miei amici nel nuovo parco divertimenti. Abbiamo preso la metropolitana perché il parco divertimenti è vicino alla stazione in centro.
Abbiamo provato tante attrazioni divertenti. I miei amici hanno provato le montagne russe, ma io avevo paura! Sono salita sulla ruota panoramica: mi è piaciuto vedere il panorama. Ho scattato una bellissima foto della città dall'alto!
La sera siamo andati in un ristorante nel parco divertimenti, e i miei amici mi hanno dato il mio regalo: ho ricevuto un libro e l'ultimo cd del mio cantante preferito. Era proprio il regalo che volevo!
Ho passato un compleanno bellissimo! Era la prima volta che festeggiavo con i miei amici, e spero che anche il mio prossimo compleanno sarà così bello!

Find the Italian for:
1) yesterday _____
2) It has been a fantastic day _____
3) I went _____
4) We have tried _____
5) I was scared _____
6) I liked _____
7) I received _____
8) It was really nice _____

Organise the verbs in the text according to the categories:

Verbi al Passato Prossimo

Verbi all'Imperfetto:

Attività 5: *Put the Italian text in the correct order (enter the numbers in the spaces provided). You can follow the English translation to help you out.*

Yesterday I celebrated my birthday. It was a fantastic day: I went with my friends to the new amusement park. We took the subway because the amusement park is close to the station in the center. We have tried many fun attractions. My friends tried the roller coaster, but I was scared! I got on the Ferris wheel: I liked seeing the view. I took a beautiful photo of the city from above! In the evening we went to a restaurant in the amusement park, and my friends gave me my gift: I got a book and the last cd of my favorite singer. It was just the gift I wanted! I had a beautiful birthday! It was the first time I celebrated with my friends, and I hope my next birthday will be so nice too!

_____ Era proprio il regalo che volevo!
_____ Abbiamo preso la metropolitana perché il parco divertimenti è vicino alla stazione in centro.
_____ La sera siamo andati in un ristorante nel parco divertimenti, e i miei amici mi hanno dato il mio regalo: ho ricevuto un libro e l'ultimo cd del mio cantante preferito.
_____ Sono salita sulla ruota panoramica: mi è piaciuto vedere il panorama.
_____ Ho scattato una bellissima foto della città dall'alto!
_____ Ho passato un compleanno bellissimo! Era la prima volta che festeggiavo con i miei amici, e spero che anche il mio prossimo compleanno sarà così bello
_____ Abbiamo provato tante attrazioni divertenti. I miei amici hanno provato le montagne russe, ma io avevo paura!
_____ Ieri ho festeggiato il mio compleanno.
_____ È stata una giornata fantastica: sono andato con i miei amici nel nuovo parco divertimenti.

Complete the sentences:

1) La sera _____ _____ in un ristorante / *In the evening we went to a restaurant*
2) _____ passato un _____ bellissimo! / *I spent a very beautiful birthday*
3) _____ proprio il regalo che _____ / *it really was the present I wanted.*
4) Ho _____ una bellissima _____ della città / *I took a very beautiful picture of the city.*
5) Io _____ paura / *I was scared*
6) _____ _____ tante attrazioni divertenti. / *We tried a lot of fun attractions.*
7) ieri _____ _____ il _____ compleanno / *Yesterday I celebrated my birthday*
8) È _____ una giornata _____ / *It has been a fantastic day*
9) _____ _____ con i miei amici / *I went with my friends*
10) _____ _____ un libro / *I received a book*
11) _____ la prima volta / *it was the first time*

Attivitá 6: *Read the Italian text and the translation in English. Something is missing in the Italian text, fill in the blanks with the missing Italian word*

Ieri _____ festeggiato il mio compleanno. _____ stata una giornata fantastica: sono andato con i miei _____ nel nuovo parco divertimenti. _____ preso la metropolitana perché il parco divertimenti è _____ alla stazione in centro. Abbiamo provato _____ attrazioni divertenti. I miei amici _____ provato le montagne russe, ma io avevo _____! _____ salita sulla ruota panoramica: mi è _____ vedere il panorama. Ho scattato una bellissima foto della _____ dall'alto! La sera _____ andati in un ristorante nel parco divertimenti, e i miei amici mi hanno dato il mio _____ : ho ricevuto un libro e l'ultimo cd del mio cantante _____ . _____ proprio il regalo che volevo! Ho passato un compleanno _____ ! Era la _____ volta che festeggiavo con i _____ amici, e spero che _____ il mio prossimo compleanno sarà così bello!

Yesterday I celebrated my birthday. It was a fantastic day: I went with my friends to the new amusement park. We took the subway because the amusement park is close to the station in the center. We have tried many fun attractions. My friends tried the roller coaster, but I was scared! I got on the Ferris wheel: I liked seeing the view. I took a beautiful photo of the city from above! In the evening we went to a restaurant in the amusement park, and my friends gave me my gift: I got a book and the last cd of my favorite singer. It was just the gift I wanted! I had a beautiful birthday! It was the first time I celebrated with my friends, and I hope my next birthday will be so nice too!

Attivitá 7: *Read the comments below and answer the questions*

Alessandro: *Io e il mio amico Marco siamo andati al cinema la settimana scorsa. Ci siamo divertiti molto!*

Luca: *Ho ordinato un tiramisù buonissimo!*

Marco: *Ieri ho festeggiato il mio compleanno con i miei amici. Ho passato una giornata fantastica!*

Franca: *Potevo andare al cinema solo se facevo prima tutti i compiti.*

Martina: *Ero molto brava a suonare il pianoforte.*

Giulia: *Quando ero piccola, mi piaceva andare al parco con i miei genitori.*

Find out who:
1. Was good at playing piano_____
2. Used to go to the park with her parents_____
3. Used to go the cinema only if she did her homework _____
4. Had a lot of fun_____
5. Went to the cinema last week_____
6. Had a fantastic day_____
7. Ordered a delicious tiramisu_____

Choose the right option:

1) Quando ero piccolo, **mi piaceva/ mi è piaciuto** andare al parco con i miei genitori.

2) Ieri sera **mi divertivo /mi sono divertita** molto!

3) Al ristorante **ordinavo/ho ordinato** sempre gli spaghetti al pomodoro!

4) **Potevo uscire/Sono potuto uscire** con i miei amici solo se prima **facevo/ho fatto** tutti i compiti.

5) Per il mio compleanno, **ricevevo/ho ricevuto** un bel paio di scarpe.

6) Ieri **vedevo/ho visto** un film romantico al cinema. Mi **piaceva/è piaciuto** molto!

7) Tornavo/Sono tornato a casa presto: non posso fare molto tardi la sera.

8) Mangiavamo/Abbiamo mangiato molto bene al ristorante ieri.

9) Era/ È stata la prima volta che **vedevo/ho visto** un film romantico al cinema!

Read the texts below, compare them and answer the questions
Ciao ragazzi, sono Martina.
Per il mio compleanno sono andata in una pizzeria con i miei amici di scuola. Ci siamo divertiti moltissimo, abbiamo mangiato la pizza, era buonissima e poi siamo andati a prendere un gelato in centro, c'erano un sacco di gusti!!!! Ho passato una giornata indimenticabile!

Ciao ragazzi, sono Luca.
Per il mio compleanno sono andato al cinema con la mia famiglia. Ci siamo divertiti moltissimo, abbiamo guardato il nuovo film della Marvel, era bellissimo e poi siamo andati a mangiare in ristorante in centro, era un ristorante Italiano!!!! Ho passato una giornata indimenticabile!

Ciao ragazzi, sono Luisa.
Per il mio compleanno sono andata in una discoteca con i miei amici. Ci siamo divertiti moltissimo, abbiamo ballata molto, la musica era bellissima e poi siamo andati a prendere un gelato al centro commerciale, c'erano un sacco di persone!!!! Ho passato una giornata indimenticabile!

1)Who went with their school mates?_____
2)Who went to the disco?_____
3)Who ate a pizza?_____
4) who went to the shopping centre?_____
5) Who went to the cinema?_____
6) Who ate an icecream?_____
7)Who ate in an Italian restaurant?_____

Il Futuro

Attivitá 1: *Read the texts:*

A) Mi chiamo Andrea, ho quattordici anni e abito a Firenze. Sono molto contento perchè domani festeggerò il mio compleanno. Organizzerò una festa a casa mia, e ci saranno tutti i miei amici. Mi faranno anche un regalo! Ascolteremo la musica, giocheremo insieme e dopo mangeremo la torta che preparerà mia madre. Sarà di sicuro buonissima! Spero che ci divertiremo molto!

B) Mi chiamo Davide, ho quattordici anni e abito a Napoli. Sono molto contento perché fra poco ci saranno le vacanze estive e tornerò a scuola a settembre. Infatti, andrò in vacanza al mare con i miei genitori. Farò di sicuro tante cose e mi divertirò molto! Prenderò il sole sulla spiaggia tutti i giorni, e spero che farò anche amicizia. Sarà una vacanza stupenda!

Compare A&B and find the expressions that mean:

1) I will sunbathe _____
2) Tomorrow _____
3) I will go on holiday _____
4) Birthday _____
5) Beach _____
6) I will have fun _____
7) Happy _____
8) We will eat _____
9) Friends _____
10) Party _____

Compare A and B:
1) Who will organize a party? _____
2) Who will sunbathe? _____
3) Who will go on holiday? _____
4) Who hopes they will have fun? _____
5) Who hopes he will make friends? _____

Correct the mistakes in the following sentences:

1) domani festeggiarò il mio compleanno._____
2) fra poco ci sará le vacanze estive_____
3) Organizzarò una festa a casa mia_____
4) Tornarò a scuola a settembre_____
5) anderó in vacanza al mare_____
6) Ascoltaremo la musica, gioceremo insieme e dopo mangiaremo la torta_____
7) Prendarò il sole sulla spiaggia_____
8) ferò anche amicizia_____
9) ci divertiramo molto_____

Attivitá 2: *Complete with the missing verbs:*

1) _____ in vacanza (I will go on holiday)
2) _____ il mio compleanno (I will celebrate my birthday)
3) _____ di sicuro tante cose (I will certainly do many things)
4) Ci _____ tutti i miei amici (All my friends will be there)
5) _____ insieme (We will play together)
6) Mi _____ molto (I will have a lot of fun)
7) Spero che _____ anche amicizia (I hope I will make friends)
8) Mi _____ anche un regalo (They will also give me a present)
9) _____ a scuola a settembre (I will come back to school in September)
10) La torta _____ di sicuro buonissima (The cake will certainly be delicious)

Unscramble the sentences:

1)   festa organizzerò una
_____
I will organise a party

   3)   a tornerò scuola
_____
I will return to school

3)   vacanza in andrò

_____

I will go on holiday

4)   divertiremo ci molto

_____

We will have a lot of fun

5)   tante farò cose

_____

I will do a lot of things

6)   amicizia farò anche

_____

I will make friends

7)   torta la mangeremo

_____

Mangeremo la torta

8)   Il prenderò sole

_____

I will sunbathe

9)   la ascolteremo musica

_____

We will listen to the music

10)   stupenda vacanza una sarà

_____

It will be a wonderful holiday

il futuro semplice

	cantare	correre	dormire
che io	canterò	correrò	dormirò
che tu	canterai	correrai	dormirai
che lui-lei	canterà	correrà	dormirà
che noi	canteremo	correremo	dormiremo
che voi	canterete	correrete	dormirete
che loro	canteranno	correranno	dormiranno

Translate the followings:
1) I will go_____
2) She will prepare_____
3) We will play_____
4) They will give me_____
5) We will listen to_____
6) It will be_____
7) I will celebrate_____
8) There will be_____
9) We will have fun_____
10) I will organize_____

Complete the sentences:
1) Mi _____ (I will have fun)
2) _____ a scuola (I will return to school)
3) _____ la musica (we will listen to the music
4) _____ un vacanze stupenda (i twill be a wonderful holiday)
5) Ci _____ tutti i miei amici (there will be all my friends)
6) _____ insieme (we will play together)

Match the Italian with the English

Attivitá 3:

1. Alla mia festa ascolteremo la musica, giocheremo insieme e dopo mangeremo la torta.
2. Spero che ci divertiremo molto domani!
3. Presto andrò in vacanza al mare con i miei genitori.
4. Sono molto contento perchè domani festeggerò il mio compleanno.
5. Questa estate farò di sicuro tante cose e mi divertirò molto.
6. La torta che preparerà mia madre sarà di sicuro buonissima!
7. Per il mio compleanno, i miei amici mi faranno un bel regalo!
8. Fra poco ci saranno le vacanze estive e tornerò a scuola a settembre.
9. La settimana prossima organizzerò una festa a casa mia, e ci saranno tutti i miei amici.
10. Spero che farò amicizia questa estate!

a. The cake that my mother will prepare will certainly be very good!
b. Next week I will organize a party at my house, and all my friends will be there.
c. Soon there will be summer holidays and I will go back to school in September.
d. For my birthday, my friends will give me a nice gift!
e. I hope I will make friends this summer!

f. At my party we will listen to music, play together and then eat the cake.
g. Soon I will go on holiday at the seaside with my parents.
h. I am very happy because tomorrow I will celebrate my birthday.
i. I hope we will have a lot of fun tomorrow!
j. This summer I will certainly do many things and have a lot of fun.

1__2__3__4__5__6__7__8__9__10__

Match the verbs in the first row with any possible object in the second row and make meaningful sentences:

Ascolteró	Organizzeró	Festeggeró	mangeró	Ci sará

La musica / una festa / il sole / la musica / il compleanno / la lezione /una vacanza / la fine della scuola / una canzone / un incontro / la torta / molta gente.

Ascolteró la musica

Match the Italian with the English

Attivitá 4:

1. Quando sarò in vacanza, prenderò il sole sulla spiaggia tutti i giorni.
2. Sono sicura che il progetto sarà molto divertente, e che impareremo tante cose nuove!
3. Alcune ragazze della mia classe balleranno la danza irlandese.
4. A scuola parteciperò a un progetto molto bello e interessante.
5. Spero che avremo un voto alto per il nostro lavoro!
6. Ognuno di noi avrà un compito.
7. I professori organizzeranno molte attività quest'anno.
8. La mia amica Martina cucinerà un piatto tipico spagnolo, e mangeremo tutti insieme in classe.
9. Sono sicura che impareremo tante cose nuove.

a. I will take part in a very beautiful and interesting project in school
b. Some girls in my class will do some Irish dancing.
c. I am sure that we will learn many new things.
d. When I am on holiday, I will sunbathe on the beach every day.
e. My friend Martina will cook a typical Spanish dish, and we will all eat together in the classroom.
f. I hope we will have a high mark for our work!
g. I am sure that the project will be a lot of fun, and that we will learn many new things!
h. Teachers will organize many activities this year.
i. Each of us will have a task.

1__ 2__ 3__ 4__ 5__ 6__ 7__ 8__ 9__

Attivitá 5:   *Read the text and do the following activities*

Mi chiamo Maria, ho quattordici anni e sono al primo anno di scuola superiore.
La scuola che frequento mi piace molto, è moderna e i professori organizzeranno molte attività quest'anno!
Sono molto contenta perché a scuola parteciperò a un progetto molto bello e interessante. Io e i miei compagni di classe faremo una ricerca su due paesi: la Spagna e l'Irlanda. Io e il mio gruppo faremo la nostra presentazione sulla Spagna. Lavoreremo insieme e ognuno di noi avrà un compito. Per esempio, io parlerò della storia della Spagna, mentre la mia amica Martina cucinerà un piatto tipico spagnolo, e mangeremo tutti insieme in classe. Filippo disegnerà la bandiera spagnola e canterà l'inno nazionale. L'altro gruppo farà la presentazione sull'Irlanda, e alcune ragazze balleranno la danza irlandese. Sono sicura

Write all the verbs in the future tense and their infinitive

FUTURO	**INFINITO**
Organizzeranno	Organizzare ->to organize

Attivitá 6: *Put the Italian text in the correct order (enter the numbers in the spaces provided). You can follow the English translation to help you out.*

My name is Maria, I am fourteen years olds and I am in the first year of secondary school.
I like the school I attend a lot, it is modern and the teachers will organize many activities this year!
I am very happy because I will participate in a very beautiful and interesting project in school. We will do research on two countries: Spain and Ireland. My group and I will make our presentation on Spain. My classmates and I will work together and each of us will have a task. For example, I will talk about the history of Spain, while my friend Martina will cook a typical Spanish dish, and we will all eat together in the classroom. Filippo will draw the Spanish flag and sing the national anthem. The other group will make the presentation about Ireland, and some girls will do some Irish dance. I am sure it will be a lot of fun, and that we will learn many new things! I hope we will have a high mark for our work!

_____ Filippo disegnerà la bandiera spagnola e canterà l'inno nazionale.
_____ Sono molto contenta perché a scuola parteciperò a un progetto molto bello e interessante.
_____ Io e il mio gruppo faremo la nostra presentazione sulla Spagna.
_____ Lavoreremo insieme e ognuno di noi avrà un compito.
_____ Sono sicura che sarà molto divertente, e che impareremo tante cose nuove!
_____ L'altro gruppo farà la presentazione sull'Irlanda, e alcune ragazze balleranno la danza irlandese.
_____ Spero che avremo un voto alto per il nostro lavoro!
_____ Per esempio, io parlerò della storia della Spagna, mentre la mia amica Martina cucinerà un piatto tipico spagnolo, e mangeremo tutti insieme in classe.
_____ Mi chiamo Maria, ho quattordici anni e sono al primo anno di scuola superiore.
_____ La scuola che frequento mi piace molto, è moderna e i professori organizzeranno molte attività quest'anno!
_____ Io e i miei compagni di classe faremo una ricerca su due paesi: la Spagna e l'Irlanda.

Unscramble the sentences:

Spagna storia della parlerò della
_____

ricerca su una faremo paesi due
_____

che spero alto avremo voto un
_____

Filippo bandiera la disegnerà spagnola
_____

tipico un spagnolo cucinerà piatto Martina
_____

Find the mistakes in the sentences:

Sono sicuro che sarai molto divertente
_____
I am sure it will be fun

A scuola partecipero a un progetto molto bello e interessante
_____
I will take part in a beautiful and interesting project in school

I professori organizzerete molta attivita quest'anno
_____

Io e i miei compagni di classe faranno una ricerca sui due Paesi
_____
Myself and my classmates we will do a research on the two Countries

Attivitá 7: *Read the Italian text and the translation in English. Something is wrong in the English text, Find out what is wrong and re-write the translation.*

Mi chiamo Luca, ho quindici anni e sono al secondo anno di scuola superiore.
La scuola che frequento mi piace molto, è antica e i professori faranno molte attività quest'anno!
Sono molto contento perché a scuola conoscerò molti nuovi amici.
Prenderó il treno tutti i giorni per andare a scuola.
Studieró molte materie nuove, come Latino e Greco, sará bellissimo!
Non vedo l'ora!

My name is Luca, I am fourteen years olds and I am in the first year of secondary school.
I like the school I attend very much, it is modern and the teachers will organize many activities this year!
I am very happy because at school I will talk to new friends.
I will get the bus everyday to go to school.
I will study many different subjects like Latin and Geography, it will not be interesting.
I am so happy.

Organise the vocabulary according to the categories:

Verbi al futuro:

Aggettivi:

Materie:

The phrase: 'Non vedo l'ora' means:
A)   I am very happy
B)   I am very excited
C   )I cannot wait

Choose the correct option:

1) Sono molto contento perché fra poco **andrò/andranno** in vacanza con i miei amici!

2) Io e i miei compagni di classe **impareranno/impareremo** molte cose nuove sull'Italia!

3) Domani **festeggerò/festeggerà** il mio compleanno e mia madre **prepareremo/preparerà** la mia torta preferita!

4) Sono sicuro che questa estate **farà/farò** molte cose!

5) Sono sicura che i miei amici mi **farete/faranno** un bellissimo regalo!

6) Mia sorella **organizzerà/organizzerai** una festa per i miei genitori. **Sarà/Sarai** divertente!

7) Spero che quest'anno mio fratello **farò/farà** amicizia a scuola!

8) Quando **sarò/sarai** in vacanza, **prenderò/prenderà** il sole tutti i giorni in spiaggia!

9) A scuola io **parlerò/parleremo** della storia dell'Italia e Filippo **canterà/canteranno** l'inno nazionale.

Read the comments:

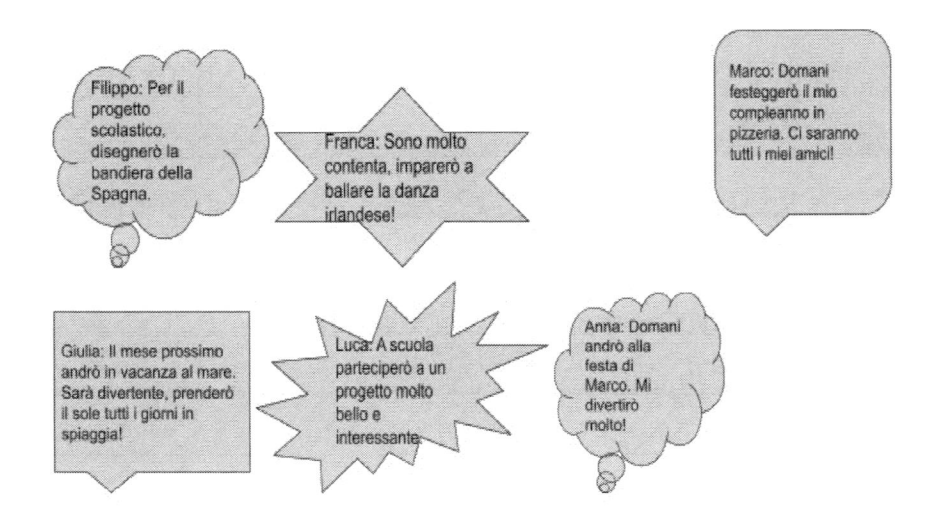

- Filippo: Per il progetto scolastico, disegnerò la bandiera della Spagna.
- Franca: Sono molto contenta, imparerò a ballare la danza irlandese!
- Marco: Domani festeggerò il mio compleanno in pizzeria. Ci saranno tutti i miei amici!
- Giulia: Il mese prossimo andrò in vacanza al mare. Sarà divertente, prenderò il sole tutti i giorni in spiaggia!
- Luca: A scuola parteciperò a un progetto molto bello e interessante.
- Anna: Domani andrò alla festa di Marco. Mi divertirò molto!

Find out who:
1) Will take part in a project_____
2) Will celebrate his birthday_____
3) Will draw the Spanish flag_____
4) Will go on holiday at the seaside_____
5) WIll learn to do the Irish dance_____
6) Will go to Marco's party_____
7) Will sunbathe every day_____
8) Will have a lot of fun_____
9) Will have all his friends at his party_____

Il mio diario
Unit 1

What did you already know about this topic	Can you give an example?
What did you learn?	Can you give an example?
What did you find difficult?	How did you overcome the difficulties?
My learning strategies for this unit were…	What would you do differently?
Give an advice to another student who is about to start this unit	How did your teacher's feedback help you?
How can this unit help you in your Italian learning?	What resources did you access to study this unit?

Unit 2

What did you already know about this topic	Can you give an example?
What did you learn?	Can you give an example?
What did you find difficult?	How did you overcome the difficulties?
My learning strategies for this unit were…	What would you do differently?
Give an advice to another student who is about to start this unit	How did your teacher's feedback help you?
How can this unit help you in your Italian learning?	What resources did you access to study this unit?

Unit 3

What did you already know about this topic	Can you give an example?
What did you learn?	Can you give an example?
What did you find difficult?	How did you overcome the difficulties?
My learning strategies for this unit were…	What would you do differently?
Give an advice to another student who is about to start this unit	How did your teacher's feedback help you?
How can this unit help you in your Italian learning?	What resources did you access to study this unit?

| | |

Unit 4

What did you already know about this topic	Can you give an example?
What did you learn?	Can you give an example?
What did you find difficult?	How did you overcome the difficulties?
My learning strategies for this unit were…	What would you do differently?
Give an advice to another student who is about to start this unit	How did your teacher's feedback help you?
How can this unit help you in your	What resources did you access to

| Italian learning? | study this unit? |

Unit 5

What did you already know about this topic	Can you give an example?
What did you learn?	Can you give an example?
What did you find difficult?	How did you overcome the difficulties?
My learning strategies for this unit were…	What would you do differently?
Give an advice to another student who is about to start this unit	How did your teacher's feedback help you?

How can this unit help you in your Italian learning?	What resources did you access to study this unit?

Unit 6

What did you already know about this topic	Can you give an example?
What did you learn?	Can you give an example?
What did you find difficult?	How did you overcome the difficulties?
My learning strategies for this unit were…	What would you do differently?
Give an advice to another student who is about to start this unit	How did your teacher's feedback help you?

How can this unit help you in your Italian learning?	What resources did you access to study this unit?

Unit 7

What did you already know about this topic	Can you give an example?
What did you learn?	Can you give an example?
What did you find difficult?	How did you overcome the difficulties?
My learning strategies for this unit were…	What would you do differently?
Give an advice to another student who is about to start this unit	How did your teacher's feedback help you?

How can this unit help you in your Italian learning?	What resources did you access to study this unit?

Unit 8

What did you already know about this topic	Can you give an example?
What did you learn?	Can you give an example?
What did you find difficult?	How did you overcome the difficulties?
My learning strategies for this unit were…	What would you do differently?
Give an advice to another student	How did your teacher's feedback

who is about to start this unit	help you?
How can this unit help you in your Italian learning?	What resources did you access to study this unit?

Unit 9

What did you already know about this topic	Can you give an example?
What did you learn?	Can you give an example?
What did you find difficult?	How did you overcome the difficulties?
My learning strategies for this unit were…	What would you do differently?

Give an advice to another student who is about to start this unit	How did your teacher's feedback help you?
How can this unit help you in your Italian learning?	What resources did you access to study this unit?

Unit 10

What did you already know about this topic	Can you give an example?
What did you learn?	Can you give an example?
What did you find difficult?	How did you overcome the difficulties?
My learning strategies for this unit were…	What would you do differently?

Give an advice to another student who is about to start this unit	How did your teacher's feedback help you?
How can this unit help you in your Italian learning?	What resources did you access to study this unit?

Unit 11

What did you already know about this topic	Can you give an example?
What did you learn?	Can you give an example?
What did you find difficult?	How did you overcome the difficulties?
My learning strategies for this unit were…	What would you do differently?

Give an advice to another student who is about to start this unit	How did your teacher's feedback help you?
How can this unit help you in your Italian learning?	What resources did you access to study this unit?

Unit 12

What did you already know about this topic	Can you give an example?
What did you learn?	Can you give an example?
What did you find difficult?	How did you overcome the difficulties?
My learning strategies for this unit	What would you do differently?

were…	
Give an advice to another student who is about to start this unit	How did your teacher's feedback help you?
How can this unit help you in your Italian learning?	What resources did you access to study this unit?

Unit 13

What did you already know about this topic	Can you give an example?
What did you learn?	Can you give an example?
What did you find difficult?	How did you overcome the difficulties?

My learning strategies for this unit were…	What would you do differently?
Give an advice to another student who is about to start this unit	How did your teacher's feedback help you?
How can this unit help you in your Italian learning?	What resources did you access to study this unit?

Unit 14

What did you already know about this topic	Can you give an example?
What did you learn?	Can you give an example?
What did you find difficult?	How did you overcome the difficulties?

213

My learning strategies for this unit were…	What would you do differently?
Give an advice to another student who is about to start this unit	How did your teacher's feedback help you?
How can this unit help you in your Italian learning?	What resources did you access to study this unit?

Unit 15

What did you already know about this topic	Can you give an example?
What did you learn?	Can you give an example?
What did you find difficult?	How did you overcome the difficulties?

My learning strategies for this unit were…	What would you do differently?
Give an advice to another student who is about to start this unit	How did your teacher's feedback help you?
How can this unit help you in your Italian learning?	What resources did you access to study this unit?

Unit 16

What did you already know about this topic	Can you give an example?
What did you learn?	Can you give an example?
What did you find difficult?	How did you overcome the difficulties?

My learning strategies for this unit were…	What would you do differently?
Give an advice to another student who is about to start this unit	How did your teacher's feedback help you?
How can this unit help you in your Italian learning?	What resources did you access to study this unit?

Unit 17

What did you already know about this topic	Can you give an example?
What did you learn?	Can you give an example?
What did you find difficult?	How did you overcome the difficulties?

My learning strategies for this unit were…	What would you do differently?
Give an advice to another student who is about to start this unit	How did your teacher's feedback help you?
How can this unit help you in your Italian learning?	What resources did you access to study this unit?

Unit 18

What did you already know about this topic	Can you give an example?
What did you learn?	Can you give an example?
What did you find difficult?	How did you overcome the

	difficulties?
My learning strategies for this unit were…	What would you do differently?
Give an advice to another student who is about to start this unit	How did your teacher's feedback help you?
How can this unit help you in your Italian learning?	What resources did you access to study this unit?

Unit 19

What did you already know about this topic	Can you give an example?
What did you learn?	Can you give an example?

What did you find difficult?	How did you overcome the difficulties?
My learning strategies for this unit were…	What would you do differently?
Give an advice to another student who is about to start this unit	How did your teacher's feedback help you?
How can this unit help you in your Italian learning?	What resources did you access to study this unit?

Unit 20

What did you already know about this topic	Can you give an example?
What did you learn?	Can you give an example?

What did you find difficult?	How did you overcome the difficulties?
My learning strategies for this unit were…	What would you do differently?
Give an advice to another student who is about to start this unit	How did your teacher's feedback help you?
How can this unit help you in your Italian learning?	What resources did you access to study this unit?

My CBA1 Planning

What topics am I interested in?
Do I already know the vocabulary for those topics? Am I able to give some examples? If not, where will you get the necessary information?

What format will I choose?		
Is this format suitable for my chosen topic?		
Am I working on my own or with other students? If I am working in a group, who will be in my group?		
How will the work be divided if I am working in a group? Please state who will do what.		

Write how you intend to organise your work during the available weeks for your CBA1

	What will you do?	How will you know it is going to be effective?
Week 1		
Week 2		
Week 3		

Do you know which resources you will use to gather the information that you need for your CBA1?

Please list them below:

	What I have done	What I still need to do
Week 1		
Week 2		
Week 3		

CBA1 Reflections

What did you already know about this topic	Can you give an example?
What did you learn?	Can you give an example?

What did you find difficult?	How did you overcome the difficulties?
My learning strategies for this CBA were…	What would you do differently?
Give an advice to another student who is about to start CBA1	How did your teacher's feedback help you?
How can this CBA help you in your Italian learning?	What resources did you access to study for this CBA?

My CBA2 Planning

Do I already know which pieces I want to submit?
How do I know the chosen pieces are my best ones?

Do I have at least one Oral piece to submit? Which one is it?
Do I have at least one piece about cultural awareness to submit? Which one is it?
Am I happy about my pieces and do I need to go over then and amend them?
Is the feedback about the pieces I chosen positive or negative? What can I do to make those pieces better?

Write how you intend to organise your work during the available days for your CBA2

	What will you do?	How will you know it is going to be effective?
Day 1		
Day 2		
Day 3		
Day 4		
Day 5		

Do you know which resources you will use to gather the information that you need for your CBA2?

Please list them below: